時代、生活與環境的流變

城南文學地景藝術行動

財團法人台灣文學發展基金會　編

【目次】

前言

環境閱讀

對話創作

數位整合

附錄

文學的浸潤

紀州庵文學森林　館長　封德屏

傍晚，「紀州庵」古蹟裡，幾個年輕媽媽帶著學齡前幼兒，聽老師說故事，不時傳來稚嫩的笑聲；青春洋溢的男女坐在廊沿，或貼耳細語或低頭閱讀；白髮夫妻攜手漫步迴廊，帶著笑意，是回憶，是傷逝……看完王文興《剪翼史》展，遙想他在紀州庵12歲到26歲的昔時與今日……

三層樓的「新館」熱鬧著。一樓，文創書店擠滿了人，或站或坐，買書、買文具；茶館裡，張拓蕪的牛肉麵、古月的獅子頭、方梓的紅麴燒肉、羅思容的仙草雞，文思雅情待客，可以邊品故事，邊嚐美食，而咖啡散發烘焙香，空氣好似飲酒般帶了醉意；角落裡圍坐著幾位文友，華陶窯典雅的杯組，流閃著透明褐黃、翡翠水庫蘊育的包種茶，一位女作家點了東方美人茶，強調喝了不會睡不著覺，周遭霧氣縈繞，服務人員忙進忙出，像粉蝶穿梭群芳之間；二樓，晚上是「我們的文學夢」演講，三樓講堂，明天幾位老師即將開講「紅樓夢」系列課程……

回想2011年6月，與台北市文化局簽下「紀州庵」營運委託案，親朋好友都很憂心，我自己也十分忐忑。當初進入《文訊》，只須專注文學編輯與出版，20年後，脫離國民黨獨立，面對不能虧損的現實，與過去強調服務的宗旨，落差極大。但我們不改初衷，積極尋找展現潛力的機會；不固守文學傳播的形式，除了出版雜誌、編纂工具書、建構資料庫外，展演研討、走讀導覽、

都一一實踐。雖然網路盛行，紙本閱讀不斷下滑是不爭的事實，而烈日下、大雨中，我們走出的每一步，仍然得到溫暖熱情的回應，也真實發現文學傳播的種種可能。

此時「紀州庵」營運委託案，是不是冥冥中老天爺的指示？於是我大膽迎接挑戰，進駐台北市同安街底，靠近水源快速道路的「紀州庵文學森林」。同安街是傳統老街，從古亭捷運站走過來，蜿蜒的街道旁，有各式商家、小吃、廟宇，印記著台北的變遷。沿途大多傳統公寓，少有公司行號。街底，「紀州庵」日式古蹟在大樹濃蔭下、大片綠地中靜靜佇立。要在這裡辦文學活動達到收支平衡，確實是一大挑戰。起初進行招商，想將附設餐廳委託出去，廠商拿了計數器統計經過的路人，幾小時後搖搖頭走了，他說：「三小時沒有一個人走過來。」

我們已不能回頭。自問：過去的文學扎根積累，難道不能助益我們在此啟航？我們開始發揮挖掘文學史料，詮釋史料，田野調查的擅長，重新書寫紀州庵所屬的城南歷史，展現從日治時期，戰後初期，以至五〇、六〇、七〇年代的文學榮光與出版盛景。企畫專題、出版專書、主題展覽、舉辦活動；與紀州庵創辦家族的日本第三代保持聯絡，開拍古蹟修復的紀錄片，勾繪紀州庵從1917年至今的歷史。

與社區民眾互動，帶動他們親近文學、親近閱讀，一直是同仁很重要且艱鉅的任務。終於，許多活動場合，逐漸出現鄰里鄉親的面孔，不一定叫得出名字，只點頭微笑；春風化雨，在文學的園地，已成為一家人。

　　本次計畫「藝術浸潤：『生活閱讀，空間共創』城南文學地景藝術行動」，就是將五〇至七〇年代城南文學文本，結合在地文化特色，同時邀請15組藝術家、青年作家及研究者，分別以書寫、彩繪、裝置、表演藝術，和社區、校園互動合作，讓文學走入社區巷道，希望能再現城南街道巷弄的文學藝術風景。

　　剛來同安街時，居民普遍對文學無感。幾年來我們頻繁活動，串起附近學校師生及鄰里居民的熱情，逐漸拉近彼此距離。此次藝術家們實踐「藝術浸潤」計畫，居民的友善溫暖，以及對彩繪內容的關心好奇，在在顯示文學藝術已悄悄「浸潤」了這裡，在人們心中發芽滋長。

　　希望有一天，提到「紀州庵」，台北人會樂於說：那是「我們的文學森林」！

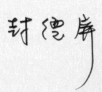

從一個有大樹、有古蹟的地方開始吧

主編　周得豪

這是一個歷時近兩年的行動過程。

初到紀州庵文學森林，是2015年二月底春天，當時僅覺得這裡有大樹、有個古蹟，好像是個可以放鬆悠閒的地方。在這裡做著一些簡單的、原本就熟悉的事情，管理志工，寫些企劃，辦幾個活動，也許可作為初到台北短暫熟悉環境的經歷。

一段時間後，發現在紀州庵好像可以做些事情。在資料爬梳過程中，了解這裡有許多動人的故事與歷程，累積了豐富的地方文史調查，也有一群認真為城南和紀州庵服務與付出的志工和社區夥伴。所以想著，那也來一起試試做些有趣的事好了。

但才剛到台北一個月，又默默不想找過去朋友協助，也不想用單位本身既有資源，而想著重新試試自己能耐可以做到什麼程度，這真是個不明智的想法。接著，故事就此展開。從三月底四月初左右開始，找了寶藏巖國際藝術村的小本書手作工作室－林欣誼和繪本說故事姐姐－盧方方，從最簡單的說故事活動開始合作，接著完成紀州庵首次的兒童營「城南轉轉」，又進到鄰近的螢橋國小與河堤國小進行社區教學實驗，也跟師大附中學生玩了「移動詩」的創作，還有以志工為主角的社區環境劇場，沒想到這一年除了過得有點充實，也結交了幾位充滿理想的夥伴。

從陌生到熟悉，從一～二人連結到數十、上百人的參與，也開始思考著2016年也許可以從這些基礎上，延續做些更大一點的、更有趣一點的計畫。有點幸運地，這年文化部「藝術浸潤空間計畫」與「文化創意產業計畫（一源多用組）」同時都獲得了補助，有了經費又剛好幾位同伴心臟也滿大顆的，那就開始做吧！

　　真正與社區產生關係從這時開始了。除了與創作者溝通外，也走了好幾遍紀州庵周遭每一個巷弄；除了拜訪里長，也按了好幾間住戶門鈴，一間、一間的詢問、溝通，還有舉辦社區綜合說明會建立彼此的共識，累積近百場討論過程中，更加認識了社區每一個面貌，也更了解每件事情的好壞，背後都有許多原因，有的事情可以說、有的事情不能做、有的事情馬上好、有的需要時間沉澱與滲透，也有的需要交換條件，不然會感受到背後的目光與阻礙，而這些都是在考驗彼此多層次互動的微妙關係。

　　這一年多完成的階段成果，好幾次因著各種原因都想著要不就算了，何必做得辛苦又不舒坦。可這總是個與同伴的承諾和默契，一步步也走到了最後。雖不敢說每個過程都是美好的，但也是因為有挫折、有失誤，有這些不完美的地方，才更顯露出經驗的可貴。

　　最後，不免要感謝館長封德屏老師，能夠以包容開放的心態，接納一年多

來的各種要求與實驗性想法，讓這些大大小小計畫得以發芽和深耕；還有最早一起走到現在的同伴 - 林欣誼和盧方方，不斷提出許多想法刺激，挑戰彼此的可能性也考驗了耐心，是最有力的支持；其他還有黃小胖、張琬琳、徐禎苓、蔡美保、助理于潇、實習生黃君麗、林孟樺、羅婉珮、朱珮儀、螢橋國小林彥君老師、河堤國小蕭儀禎主任、師大附中魯秀華老師、志工夥伴、紀州庵工作同仁與每一位參與計畫的創作者／團隊、河堤里／網溪里里長與社區居民的參與協助。藉著這次專刊出版，除了紀錄下計劃參與過程和階段成果，也希望未來能夠持續有更多推展前行的可能。

2016年11月

城南文學地景藝術行動

　　「城南文學地景藝術行動」是由一
個主概念分成的兩個個別完成的藝術行
動計畫，分別獲得2016年文化部「藝
術浸潤空間計畫」與「文化創意產業計
畫」的補助。是以台北城南文學為本，
發展出特定場域的繪本故事、壁畫創
作、裝置行動與VR數位整合。希望以
藝術性的方法，重新思考關於閱讀的失
落與地方歷史的遺忘，在此時此刻的境
況中，能夠做出什麼樣的改變與策略。
在現今各地興起藝術進入社區、文創園
區、都市再生與藝術村的實踐邏輯中，
又是否能嘗試走出一條不太一樣的道
路。

時代、生活與環境的流變——
城南文學地景藝術行動

總策畫　周得豪

臺灣的藝術節慶活動，約略從九〇年代開始興起，隨著各項文化政策與資源的挹注，至今幾近成為各地方重塑地域特色與帶動觀光人潮的加速器，經由舉辦大型節慶／地景藝術活動的人潮，再造了新興的文化運動與文創發展的想像。也總有群藝術家長年地從這裡到那兒，在全台各縣市跑透透，解放更多藝術成就，也養育了無數各類型的藝術創作者。

有了這麼多藝術創作者在全台灣奔波著，每位創作者都想為台灣盡一份心力，也都想著我們的城鄉風貌可藉由藝術的進入而變得更美麗，但這卻不是件容易的事。在都市中，藝術知青們常會被冠上「文化恐怖份子」的稱號，因為都市更新、聚落保存與藝文人士的介入，彼此理念時常背馳，少與公部門有相互合作的關係；或是都市更新過程中，「藝術」活動成為拉抬房價／地價的策略，間接造成貧富差距的擴大與階級的對立。在鄉鎮中，各個社區則興起透過彩繪活動，來讓農村、鄉鎮地景多了豐富的色彩與帶動更多觀光人潮，但卻又產生地方再造與文化抄襲的衝突，這些成果參差不齊的社區彩繪活動，都將我們帶入了當世代追求快速的、短暫的、資本的與市場的文化消費境況之中。這些立意良善的藝術計畫，讓台灣變「美麗」了嗎？

「地方」才是主角

　　新興的文化資本主義收編了地方文化、人際網絡、社區主體性等面向的參與、對話、自主與協同性的文化樣式。所以常會有一種難以言說的情況是，藝術家帶著本身的專業經驗進到社區，以自己慣用的媒材和方法，帶著社區民眾一起完成一件創作，或是藝術家完成創作後，以工作坊形式帶著民眾再做一次可帶走的小作品。這個過程在文字描述上似乎沒有任何問題，再進一步討論，這個過程連結了什麼內容？與帶給地方的意義為何呢？

　　通常的作法，會是當地團隊帶著藝術家做環境導覽介紹、踏查社區，接著藝術家透過快速地理解地方文史、資源特色後，再來思考這次創作的形式與內容。而關鍵就在於「藝術家自己來思考創作的形式與內容」，這對創作者來說似乎是理所當然的理解，卻也是本次計畫中我們刻意要試圖反轉的概念。這是個兩難的微妙關係。從創作者角度來看，創作是一個主觀的、自由的與個人式的經驗過程，旁人的建議僅供參考，創作者的想法才是主角；從策劃者的角度來思考，則有很明確的主軸與意圖。

　　藝術家的創作要說我們想說的故事，而這個故事是經由數十年來無數地方人士、專業者們，所累積的地方知識脈絡與系統。所以計畫過程中，須兼顧創作者本身的風格與習慣，也必須提出適當的文本與依照創作者風格和類型而選擇適合的空間環境。強調的不是創作者的想法與表現形式，而是著重以地方知識脈絡下，所要述說的故事。這個故事不僅是文史資料的再現，還包括歷史留下的痕跡與地景風貌，它是族群遷徙流轉的故事，它是地方共有習慣建立的故事，它也是一個世代文化積累的故事。這都是塑造出現今城鄉、社區、巷道生活紋理的過程。

藝術教育作為行動的核心

　　如此思考的脈絡在於，在台灣教育體系下學習成長的我們，早已習慣於填鴨式的知識學習，我們可能對世界各國的歷史、地理有一定程度了解，但對發生在台灣的歷史、環境變遷過程卻有著極大落差，甚至是世代間對歷史認識的

14

斷裂。從中衍生的問題是，我們對於環境情感教育的欠缺，也因為缺少了情感聯繫的理解過程，所以難以對生活環境的觀察和閱讀產生結果。

有時會對為什麼這裡出現一棟老房子產生疑惑；為什麼隱藏在筆直的大道旁，會有灰暗的彎曲窄巷；為什麼這條道路像是突起的經脈，既是突兀卻又讓人習以為常；為什麼歷史古蹟頻頻失火，卻無法讓更多人關注，僅能自嘲地反諷是台灣獨有的特色文化......，還有好多的為什麼，其實都指向了對自身文化的失落與遺忘。

當整個世代的大多人，都無法從自身文化知識系統中找到對地方生活的情感聯繫，也就不容易產生從土地生長出的文化自信。這造就了從公部門到民間，從上到下，一致性對「形式美感」追求的狂熱。在台灣，教育部近年推動的「整合型視覺形式美感教育實驗計畫」，極力推展校園內的種子教師以「形式美感」為做為核心教學內容，雖然「形式美感」在藝術史與理論的推導上有其背景脈絡，但這支從現代主義美學中衍生的藝術／美學教育規劃，卻忽略且排斥了傳統、民族性與地域性的特徵。

而台灣在文化歷史的發展上，恰好有其多元複雜的特殊關係。所以當西方現代主義美學連結到中國傳統對秩序追求的禮儀、道統價值，在此時不謀而合的接軌上。因此實際進行藝術／美學教育時，只談論了「形式」的要素，卻忽略了「形式的生成」，成為一個封閉性的訊息傳遞樣式。這也是讓台灣在文化發展上，走向一條越來越狹窄和短視的路徑。

著名的德國藝術家約瑟夫‧波依斯(Joseph Beuys, 1921-1986)，延續了哲學家魯道夫‧史坦納（Rudolf Steiner，1861-1925）所倡導的「人智學」（Anthroposophy）概念，闡述了「人人都是藝術家」與「社會雕塑」的觀念藝術行動，是至今仍廣泛被挪用的前衛藝術代表。但即便在藝術學院中，也鮮少人再進一步討論「人人都是藝術家」的脈絡，是需透過完整的教育方法論，使得人人具有讓自己成為藝術家的創造力的結果。若從「社會雕塑」的概念來看，其核心在於「思考」的價值，而非形式與風格上的價值，涉及的是藝術的本質，關注在歷史、文化、社會、教育與環境等整合性的觀念，而這也

「人的觀念生成」的方式。

在史坦納提出的人智學概念中，其目的在針對人的意志轉變、認知經驗與時代性的共同經歷，提供心靈一個意識的方向。他把人的身體分為三個面向，分別是意志、情感與思想，並分別對應到人的身體、心靈與精神。這也是本次計畫行動中，所意圖連結的脈絡，並以「藝術教育」的思考，作為行動的核心與方法論。

行動四階段

在現今多元與資訊極度快速且變化無法預測的時代，以「形式美感」作為藝術教育發展的主軸，仍舊使得下一代的孩子們，對這塊土地上的歷史、文化、環境的情感聯繫有著斷裂式關係。這樣的方式影響了整個世代的人，對於藝術村、都市再造、文化創意與藝術節慶 / 行動的想像貧之，使得藝術創作的生產，成為資本主義追求市場利益的附庸，既是文化的表象也是亂象。

因此，本次計畫在行動策略中，以現有累積的地方知識脈絡作為基礎，希望透過藝術性的方法，強化情感教育的建構和環境閱讀的實驗規劃。並在過程試圖建立初步地方學系統的概念，分作四個具體階段：(1) 在地知識；(2) 情感教育；(3) 環境閱讀；(4) 創作形式。

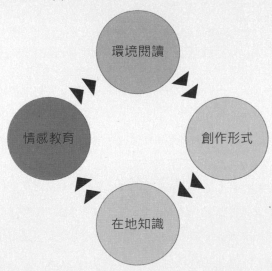

四個階段概念，彼此皆有相互交疊的部分。計畫中著重在前三個階段，在地知識的積累是團隊本身長期調查的基礎，情感教育與環境閱讀則是進入校園以專題課程的方式施作，最後才是創作形式的生產。

這裡需特別提出對「地方學」的概念，不僅止於九〇年代在各地方政府興起的文獻或縣志研究調查，而是將此概念延伸至情感教育與再創造的歷程。在計畫中強調的是校園藝術教育與環境閱讀中的方法論。

「城南文學地景藝術行動」計畫，在這些提問與反思過後，我們要說一個什麼樣的故事？又做了那些行動？就要回到本次計畫中的環境基地－－台北城南與紀州庵文學森林，先回頭觀看一段文學流變與歷史保存的過程。

台北城南

台灣百年來經由殖民與移民者們，反覆交織而成的多元且豐富的歷史過程，在台北城南我們看見了它的流變。

台北城南是個歷史文化悠久的區域，自清末時期從南門沿著牯嶺街一路往南是漫漫田野，接近古亭至新店溪畔始出現窄小巷弄，如晉江街、廈門街、同安街，是清朝就有的舊街仔。日治時期。因昔日開發較少且緊鄰著城內區域，成為日人發展新市街的地方，各式住宅、機關學校開始設立於城南地區，新店溪畔更成為民眾休閒娛樂的場所，有競馬場、游泳池、渡船口、河畔酒館等，是個兼顧居住環境與休憩的生活風景。

戰後，國民政府來台接收了日人的建設與規劃，資源重新分配使用的結果，除了日式住宅群，也有傳統宮廟，當地漢人、日本人與戰後移民的歷史交會於此。而日人遣返的過渡期間，紛紛在此地變賣家私、書畫、骨董，因此城南也匯聚了眾多舊書店、古玩蒐藏等社群，是陪伴大時代變革的見證者。

曾經，許多台灣文壇具有重要影響的出版社、文藝機構皆設駐於此，連帶重要的文學性刊物也在此發行，促成台北城南地區成為戰後台灣文學發展的重要文學場域。曾居著在此區的文學人，有夏濟安、吳魯芹、齊邦媛、何凡、林海音、余光中、王文興、楊牧、紀弦、亮軒、隱地等作家；文藝社群有中國文

戰後牯嶺街的樣貌　　　　　　　編輯手工業的時代

藝協會、世界華文作家協會、中國作家藝術家聯盟、中華民國兒童文學學會、中華民國筆會、耕莘青年寫作協會等；此處更曾是文藝刊物的生產基地，如《純文學》、《創作月刊》、《藍星》、《文學雜誌》、《大學雜誌》、《中外文學》、《新生報》、《現代文學》、《國語日報》、《創世紀》等數十種刊物，是個支撐起台灣半壁文壇的輝煌時代。

　　城南因著台大、台師大、中央政府機關等的圍繞和公務人員眷舍分配的關係，和文藝社群與多族群移民匯聚的因素，凝聚出一種獨特氛圍，是文人、作家生活的場景，是市井移民的舊物買賣，是族群匯聚的安居，也是文化內涵的靈魂所在。它既平凡卻也真實，時代變遷下所遺留的空間況味與人事痕跡，依附著眾人對地方的情感寄託，有點浪漫懷舊，卻也是文化的失落與失散。

紀州庵文學森林

　　紀州庵在台灣具有百年的歷程。1897年，日本佔領台灣並開始在台北埕規劃各項建設工作，「紀州庵」也跟著開業了，是間料理屋。創辦人平松德松以自己家鄉「紀州」來命名料理屋，紀州約略是現今日本和歌山一帶，「庵」則為茅草覆頂的房子之意，從命名的過程即可想見最初簡樸的紀州庵樣貌。

　　紀州庵的第一間店，開設在今西門町南側，約略在貴陽街與長沙街一帶。

18

左上：1917年左右剛開業的紀州庵
右上：1927年左右改建為三層樓建築
左下：離屋的庭園造景

隨著經營越上軌道，二O年後的1917年，即在新店溪畔也是現在紀州庵文學森林的位置，開設了第二間分店。在「紀州庵支店」的經營，主要以套裝式的行程規劃與河畔休閒餐飲作為營運方向，並於1927~28年間進行改建擴大規模，成為具有三層樓的本館建築，與新建成的離屋和別館。

除了本館可以遠眺新店溪河岸美景外，離屋種植了松樹、山茶花、榕樹、杜鵑等植物，再透過山石與水池造景，呈現出閒適優雅的庭園風光；別館則是招待貴賓的VIP室，創造出不同的餐飲環境與使用彈性。在飲食上，也與新店溪習習相關，其特色料理是隨季節供應的「香魚」料理，另外還可承租「屋形船」，讓民眾可以在船上一邊撈捕鮮魚一邊飲酒作樂，還有藝妓的陪伴，是當時一項高檔享受。但隨著太平洋戰爭爆發，日本人離開了，平松家族的事業也告一段落，隨著時間演進，這段故事也逐漸被世人忘記。

戰後，國民政府來台承接了日本人在城南的規劃，成為官舍與宿舍集中的區域。而紀州庵從料理屋轉變為省政府合作事業管理處與社會處員工眷屬「第一宿舍」，建築空間環境開始因著生活使用所需而改變。作家王文興成長階段，也於此時隨著父親公務人員身分，分派住進了紀州庵宿舍。隨著時間演進和都市持續發展更新，曾居住在紀州庵的人們，也因成家、立業、生子等過程，逐漸搬離了紀州庵，尋覓更好的現代居住環境。

作家們齊心爭取古
蹟保存

　　直到2002年底，由台大城鄉所學生的一門田野調查課程中，意外發現了
這棟被大樹環繞，卻也早已頹圮看不出原始樣貌的紀州庵。當時紀州庵正依著
都市計畫的進程，準備開闢成停車場與道路。但並不是所有的居民都想要一個
停車場，而更希望這裡的老樹能夠被保存下來，所以意外開啟了社區意識與古
蹟保存運動的覺醒。

　　這段過程，發現了老樹、找到了作家、舉辦了數十場音樂、文學活動、研
究了城南文學地景的成形，最後找到了最早的創辦者－平松家族的後代，歷經
了十多年與無數前人的努力，我們才得以有這樣舒適的文學空間讓民眾休憩。

閱讀與出版重心的移轉

　　城南作為台北市文教最密集的區域，曾有著最多出版社與作家居住在這
裡，但近年的閱讀與出版重心也漸漸轉移了。依據國家圖書館一〇一～一〇三
年度「臺灣圖書出版現況及其趨勢分析」報告顯示，一〇三年度全國新書出版
連續數年呈現緩慢下降的趨勢，其中文學類別（含文學史、文學評論、散文、
詩、劇本等），亦已連續於當年度出版新書總計中，所占比例約略五～六％上
下，屬出版類別的後段班。

　　另以國家圖書館從一〇二年度開始施行的趨勢調查分析中表示，雖然在文

學類書籍的出版略顯緩慢下滑，但在電子書的數位出版產業卻呈現逐年上升的趨勢，其中以「兒童讀物」（含繪本故事書等）所占比例最高，顯示以「兒童讀物」類別為主的數位互動電子書發展，是為目前的主流，也是未來出版行銷的策略發展重點。

而新書適合閱讀對象比例：屬「青少年」、「學齡兒童」、「學前幼兒」三個年齡層適讀的新書總種數 8,648 種（占 20.6%，一〇二年度），是近三年來新書出版業的發展走向。分析其原因為現代家庭少子化現象嚴重，導致家長更注重幼兒及兒童閱讀所致。因此，在時代快速變遷下，即便過往曾有過十本書中有七本是文學書的盛況，演變至今十本書中未必有一本是文學書的蕭條，如此閱讀習慣與產業條件的變化，也影響了城南區域的都市發展。許多人離開了，新的大樓一棟棟蓋好了，但在主要道路旁的巷弄中，還隱藏著頹圮失修的老房子，殷實沉靜的氛圍在此留了下來。

因此，本計畫從城南／紀州庵文學森林出發，將長年匯聚的活動能量向外擴散連結，「藝術浸潤計畫」經由「閱讀」的主題策展，強調創作本身是不能與經驗、生活、時代相背離的理念，希望讓大眾能夠重新認識五〇～七〇年代城南的文學故事。

計畫中結合了視覺彩繪、裝置行動、校園參與等創作形式，讓創作在一個流動過程中，產生行為、思想與環境間的相互滲透，最後再與「文化創業產業計畫」中的數位科技應用—ibeacon與VR，試圖創造一個跨領域的當代文化景觀，成為「再造歷史現場」行動的先行者。

藝術浸潤空間計畫

藝術浸潤空間計畫中有三個層次的概念：(1) 繪畫再現文學故事；(2) 行動裝置 x 環境閱讀；(3) 翻轉閱讀 x 情感教育。

第一層：繪畫再現文學故事

壁畫是一項古老的技藝，它記錄下每個世代、族群的歷史、經驗與無數故

八〇年代的同安街是條彎曲的小巷，至今未曾改變

事的發生。現代化的過程中，我們早已習慣於媒體消費的廣告式置入性行銷，也早已習慣於便利的交通移動性，而忽略了移動過程中的「風景」。這個「風景」即是指涉這塊土地上的生活和人與人之間的關係，它是日常生活的文化痕跡，也是城市故事的經驗與流傳。

同安街是條彎彎曲曲的小巷，像是都市規劃中所遺漏的小徑，尚遺留著近百年來的曲折樣貌。在這條街巷的兩旁、街角，我們以林海音、余光中、王文興、洪範書店、爾雅出版社等文本和五〇～七〇年代的生活情境，作為創作者參照的文本訊息，以插畫的形式進行牆面彩繪，每一面牆都是一則在地故事。

吳騏作品〈文韶之隧〉，以余光中〈月光曲〉、〈踢踢踏〉兩首詩作為繪畫概念，描繪出帶有奇幻性與超現實的壁畫；王家麒作品〈溫故知新〉，以林海音先生家中客廳、餐桌的文人交流作為繪畫題材，呈現出溫暖的人情味道；蘇映綾作品〈花咲・川端橋〉，以徐鍾珮、覃子豪所描寫的川端橋作為文本參考，將現代與日治時期的新店溪兩岸做了古今的穿越描繪；林家維作品〈閱讀萌芽・文學茁壯〉，以爾雅出版社、洪範書店屹立於廈門街一一三巷，堅持文學出版的精神，澆灌著台灣文壇的概念，轉化為可愛近人的插畫內容；葉依柔作品〈翻閱作家小屋〉，以五〇～七〇年代出版社林立的概念，描繪出現代人也正重新觀看著前人留下的文學資產；劉銘軒作品〈轉角・文學領航〉，則以

透過行動畫架，觀察、描繪社區環境

作家小野描寫的城南生活，結合半世紀前的萬新鐵路情境，用領航鯨的奇幻漂流意象，帶出城南閱讀的歷史路徑。

第二層：裝置行動x環境閱讀

閱讀，不僅有視覺化的閱讀方式，還有環境的閱讀與創造閱讀交流的環境，都是裝置與行動中最重要的面向。沿著同安街步行至紀州庵文學森林，兩旁人行道窄小，路邊通常沿著邊停滿了汽、機車，時常連一個人要走在人行道上都顯得困難，更遑論三～五人在門前群聚話家常了。

而在同安街的中段有一處施洛德花園，長年的閒置，曾有中正社區大學師生彩繪斑駁的牆面，現有里民在此處空地上種菜，成為周遭居民傍晚齊聚聊天、澆菜的所在。但也因著地方資源的欠缺，所以長期只能在花園旁遺留的建築水泥矮牆上或坐或靠的停留，而無適合的休憩座椅。因此，在此計畫中即以行動裝置的進入作為中介，讓藝術成為民眾交流的媒介。

趙文愷具有多年社區營造、都市再生、室內與家具製作／修復的經驗，觀察在地環境後，運用二手回收木料製作街道家具。作品〈當我們同坐一起〉，將閱讀行為帶入到家具的功能中，此時「閱讀」的不僅僅是文本，也是記憶，更是現下的生活環境；陳建智則以擅長的建築觀察作為出發，作品〈微觀地理

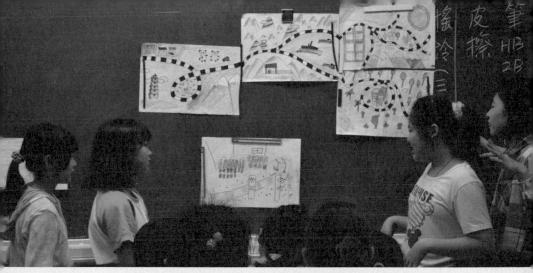

河堤國小同學拼貼出對鐵道的奇幻想像

模型計畫──紀州庵篇〉建造了一間承載了城南老照片記憶的木屋，並放置在施洛德花園，透過精巧的行動裝置，讓民眾在社區巷弄空間中遊走、尋找與描繪時代變遷下所遺留的地理紋理；朱淑宛作品〈在還在的時候〉，以金工和飾品製作的技術，在一條青苔駁泥滿布、久未清理的防火巷內，打造了一個充滿動物、花草，並與環境融為一體的奇幻國度；蔡宜婷作品〈哈囉，你好嗎？〉，應用了雕塑物件和新媒體的結合，用「哈囉！你好嗎？」與作家對紀州庵的期許等聲音，作為我們認識世界的初始，並得以回到單純、愉快且溫暖的身心狀態。

第三層：翻轉「閱讀」x情感教育

在台灣教育體制下成長的人們，因著許多歷史因素的交錯混雜，讓我們時常充滿了壓抑、保守與自我規訓的束縛，而缺少了一種自由的、思辨的與創造的環境條件。因此翻轉「閱讀」，是指涉彼此內在情感的散發和人與人關係中的衝突、省思和解決之道，它同時也是個自我生命歷程的重新檢視。

情感教育從三個方向切入，一為表演、讀劇、二為校園參與實作、三為書信交流，分別以工作坊和課程形式，嘗試實驗性的翻轉「閱讀」的意義。過程中，不僅是學生的成長，也是作為創作者、講師角色的挑戰和學習，最後並讓

讀劇除了說，也在閱讀彼此的人生故事

彼此同時思索著在現代化社會中，是否已讓我們對歷史、對經驗、對自我產生了斷裂，從而失去了身而為人的條件。在此過程中，我們試圖再去重新思考與找尋彼此在成長過程中遺失的本質。

「台灣青春玩藝戲劇藝術推廣協會」是由演員王玥所成立的在地新興表演協會，以一種存在於肢體演出和文字劇本間的表演閱讀形式――公開朗讀劇本，用最簡潔、乾淨的聲音來詮釋不同的故事。而語言表達就像文字書寫一樣，是個可以審視自我內在的管道之一，經由《等待果陀》劇本的體驗，讓成員回看生命中的等待過程。

「好女子笑女孩」團長黃小胖，以女子搞笑團體的姿態，帶領民眾聆聽自己說話的聲音，作品〈昨日是水，今日是城〉將閱讀書本的內容，結合紀州庵的裡、外環境，進行精采的環境劇場演出，同時也宣示了紀州庵古蹟的包容性，是個讓人充滿了想像又適合閱讀與靜思的場所。

潘羽祐和林欣誼則分別帶領河堤國小、螢橋國小學生進行閱讀的翻轉。潘羽祐作品〈奇幻的旅程〉，透過小朋友對於旅行的回憶和經驗，利用資源回收的材料，重新以萬新鐵路文本做再詮釋，串起一段奇幻旅程的創作；林欣誼作品〈行動書車計畫〉，以如何分享一本書作為提問，讓學生思考行動書車的可能性，並以立體裝置的方式來介紹自己最喜歡的一本書，透過對選書內容的提

問，刺激學生們的思考與創造力。最後創作者也完成了一台實體的行動書車，乘載著自己與學生們的故事，穿梭在巷弄廣場向往來民眾分享彼此的故事。

「唐青古物商行」的作品是〈高原情書計畫─寫給藏族朋友的一封信〉，源自一個有點浪漫的想像，現代蓬勃的網路社會中，還有多少人會用手寫的書信分享彼此的生活呢？如果讓台灣與藏區的朋友，過書信分享彼此的生活，也認識了不同世界的人們，雖然有著數千里的距離，但會不會也連結起一段美麗的故事，高原情書計畫就此展開。

文化創意產業計畫

依照近年全國圖書出版類別的重心轉移與發展趨勢，紙本出版仍是台灣出版產業的主流方向，而數位閱讀雖有逐年成長趨勢，但實體與數位的出版比例仍有相當懸殊的差距存在。因此，文創計畫的施行策略將以實體書出版、數位閱讀、虛擬實境（VR）體驗等三大方向作為主軸，透過虛擬實境（VR）體驗來強化數位閱讀的動能，以現地體驗方式作為文學場景的延伸，強化場域的歷史脈絡資訊和感官經驗。

台灣近年積極發展文化創意產業，影響許多兒童繪本創作者與文化經紀合作，透過藝術與商業的結合，使得台灣在藝文方向的發展日益蓬勃多元。其中較廣為人知的包括有幾米、陳致元、李瑾倫等人創作的繪本，透過與文創商業結合，帶動起大量的觀光人潮與發展出區域性特色。計畫中完成的兩本繪本故事《阿墨的故事屋》（作者／盧怡方、繪者／陳狐狸）與《寵物離家記》（作者／盧怡方、繪者／蔡美保），特別著重於文本概念的表達、視覺形象等元素，而人文美學的獨特性，即是紀州庵文學森林最重要的核心價值。

因此，本計畫以台北城南文學為本，將文學的概念與場景轉化為適合兒童閱讀的繪本形式，並以數位閱讀的方式，運用ibeacon微型定位接收器、虛擬實境（VR）與Google Cardboard的便利型實境顯示裝置，增加場域限定的體驗經驗，並同步推廣城南文學與紀州庵的故事。

繪本《寵物離家記》使用的文學文本，包括林良《月光下織錦》的〈再

繪本《寵物離家記》
轉化文學場景

見．舊書街）、房慧真《小塵埃》的〈百花深處〉、余光中《余光中六〇年詩選》的〈月光曲〉、徐鍾珮的〈發現了川端橋〉、覃子豪的〈川端橋〉、王文興的《家變》等，將文字描述的場景轉化為每一頁畫面；繪本《阿墨的故事屋》描述的紀州庵古蹟保存故事，則以《城之南．紀州庵與臺北文學巷弄》中的多篇作家文本為基礎，如舒國治、王盛弘、張琬琳、林育群……等人書寫的城南記事，透過鼴鼠的視角，穿越百年的歷史過程，不只是地上世界的變化，還有地底世界的樣貌，是一個奇幻與真實相映照的在地故事。

　　而計畫中也完成全台首次以原生素材製作VR歷史情境的導覽體驗規劃，重現紀州庵於日治時期作為料理屋的生活情境。這是一個由紀州庵團隊、劇組和數位團隊緊密結合的一項新嘗試，過去文化館所的背景介紹，都是透過導覽人員口說來傳達，民眾接收到資訊後，僅能各自想像當時的場景樣貌，而VR結合導覽就是對歷史想像，成為近在眼前的全景式擬真體驗。

這只是一個開始

　　文化節慶與藝術行動，如果忽略了自身的文化歷史過程與環境的變遷，那麼剩下的僅有消費、炫耀與宣示的市場需求。台灣長年以來，似乎都缺少了屬於自身的文化自信與態度，所以常會需要「台灣之光」的英雄形象，用以表現

VR導覽志工培訓，對大多人來說是全新體驗

出「我們」也可以被世界看見。背後卻反射出，在台灣環境成長下的壓抑與國族未定的情感失落，使得我們不斷追求著世界排名，別人有的我們也要有的價值觀念，形成了對「形式」追求的狂熱　也是集體鬱悶情緒的出口。

這是一整個世代必須要去面對的問題。我們在追求現代化過程中，失去了對自我的認識、對情感關係的欠缺、對歷史認識的斷裂、對環境變遷的無感，僅留下對創作形式的追求，而世代間的資訊／知識／教育落差，也正緊縮著未來青年們的路途。因此，本次兩個計畫中的問題意識在於閱讀的失落與地方歷史的遺忘，在此時此刻的境況中，能夠做出什麼樣的改變與策略。

從現今習慣的主流文化論述中，跳脫出文化資本主義下的地景重塑與社會改進樣式，必須要重新找回文化敘述的語境。壁畫創作中的目的在於要說什麼樣的故事，裝置行動的核心在於重建人們的關係與回看環境的紋理變化，翻轉閱讀則回歸到自我內在的省思與情感教育的延伸。這些綜合起來仍無法立即提出一個解答，但是也初步站穩了行動的位置，未來我們需要更勇敢地走出一條不一樣的道路。

備註：

文中對於台北城南歷史與紀州庵文學森林保存過程的介紹，可參閱《城之南‧紀州庵與臺北文學巷弄》一書，有更多完整的紀錄。

藝術教育

紀州庵規劃舉辦的藝術教育，是從戶外社區環境開始進行，並針對不同年齡層有各自的策略與主題，目的是希望孩子們可以透過身體經驗，來感受與觀察社區的空間、紋理和日常。

每一次活動都會要求孩子們完成一件創作，有的是集體創作，也有的是個人創作。最後發展出「現代吟遊詩人」的想像，希望能夠以長期性的合作規劃，產生對日常生活有新的詮釋與交流可能。

城南轉轉夏日兒童營——
跟孩子說一件重要的事

文 / 周得豪

課程設計 / 林欣誼（小本書手作工作室）、盧怡方

特別協力 / 林艷紅、林孟樺、李洋慧、Timmy

「越重要的事，越應該仔仔細細、好好告訴我們的孩子！」—幸佳慧

這句話看似簡單，卻不容易。

這天（2015年7月31日）一早打開臉書，看到的是反黑箱課綱孩子自殺的訊息不斷更新，看著臉書訊息欄的「在想些什麼呢？」，心情只有沉重得關掉臉書，準備著下午的兒童營活動。但心裡一直想得是，我們該如何帶著這些孩子認識這土地上發生過的歷史、曾經有的聲音與她為何變成

活動第一天帶著故事地圖，在紀州庵周邊採集植物、撿拾小物件

志工林艷紅介紹紀州庵生態環境

現在這副模樣，那你希望未來這片土地會是什麼樣貌呢？

　　兒童營計畫的概念在今年三月時就已成形，但也了解到「跟孩子說一件重要的事」不是件容易的事，尤其紀州庵過去並未曾特別規劃過對象是國中以下孩子的活動。所以我們在四~五月時反覆的討論，該用什麼方式將好像有點生硬的都市變遷、歷史事件、消失的鐵道，轉化成適當的教案與創作過程，讓孩子們認識這似乎熟悉但卻陌生的居住環境。

　　計畫的原型「話匣子工作坊」，是希望經由兒童與城南區域的生態環境、社區、店家與文人的對話，紀錄下屬於城南之聲的「匣子」，她既是一種紀錄，也是一種「聲景」（Soundscape）的地圖，標誌著孩子們對地域聲音的想像，也將是一份獨特兒童之音的敘事文本。因此，留住孩子對聲音想像與創作的聲音，讓彼此產生關係、漣漪與對話是這計畫的主要目的。

　　在活動過程中，希望這是一個循環的與可持續累積的創作過程，以課程的形式，帶領孩子們走出紀州庵古蹟，進入城南街區巷弄，透過聆聽、觀察，描繪出日常的生活與事件，並將轉化成文字與聲音的故事，保存每個世代與城南地域的「話匣子」。

　　也許有人會好奇，從原型的「話匣子」到「城南轉轉」到底有何差別？其實差別僅在於設定的對象從居住在台北城南一帶的孩子，轉變為來自全台各地

紀州庵旁的草地上，歌舞伎表演者合影

的孩子。倒也是出乎意料，參加這次活動有來自北投、宜蘭、桃園、新北、高雄、台南各地的小朋友，年級從小二到小六都有。因此，我們就轉變成像是邀請這些孩子到城南「轉轉」的意思，一起經由「轉轉」的過程，轉開故事地圖的開關，看見城南的故事。

開啟故事地圖

第一天的活動基地在紀州庵，同時也是計畫故事中的起始點。

紀州庵的保存，是在2002年由台大城鄉所學生的一門田野調查課程中，所意外開啟的社區意識覺醒與古蹟保存運動。這段過程，發現了老樹、找到了作家、舉辦了數十場音樂、文學活動、研究了城南文學地景的成形，最後找到了最早的創辦者：平松家族的後代，到了今日我們才可以有這樣舒適的文學空間讓民眾休憩。

紀州庵有著長達近百年的歷史故事，我們讓孩子去聽見不同年代曾出現的聲音，有歌舞伎表演的聲音、居家對話的聲音、抗議的聲音、導覽的聲音...等，讓孩子去做聲音的組合排列，想像這些聲音當時出現的情境。接著帶領孩子走到戶外，透過眼見、耳聽及手觸紀州庵走過的歷史軌跡，並撿拾戶外所觀察到的植物、小物件，引領兒童感知人的行動如何影響自然與人文環境的變

遷。在以歷史為根基的脈絡下，由兒童視角出發，共同拓印出紀州庵場域的可能性。

課程規劃：古今紀州庵、散步紀州庵、開啟故事地圖，學習「拓印」技法的3種可能性。

故事地圖探險

　　從前，水和人的關係很密切，是生活的一部分。如果，我們帶你發現，河流是城市的一部分，你想在這塊土地上進行什麼活動呢？第二天的活動，我們走到了新店溪水岸。

　　透過新店溪畔的老照片，我們發現過去水岸與人的生活是很親近的。在以前的紀州庵水岸邊，會看見遊玩的人潮，原來橫跨新店溪連結起台北市中正區與新北市永和區的中正橋，過去叫做「川端橋」，在七O年前的通車典禮上，可是造成萬人空巷、爭相目睹的重大建設，現代派詩人覃子豪更曾因為它的美景，寫下迷人的〈川端橋〉詩篇。

　　在水岸邊，還會聞到香香的「蒙古烤肉」味，「…一甲子以前，吳兆南與幾個退休老兵在螢橋旁、同安街底，創立「烤肉香」，是台灣蒙古烤肉的發源地……從此開啟了『蒙古烤肉』元年。」（焦桐，〈蒙古烤肉外一章〉）

　　除了味覺饗宴，還可以聽到優美的歌聲，六O年代知名的雷鳥合唱團就在新店溪畔團練，其中還包括有知名歌手黃鶯鶯，這段歷史仍常被附近老一輩的居民津津樂道著。重要的是，從前還可以輕易地摸到冰冰涼涼的河水。

　　所以是否發現到，以前的人們在河邊可以體驗好多事情，可以「看」到大人小孩都在河邊散步、划船，可以「聞」到香香的蒙古烤肉，有的人吃納涼，有的人喝茶、可以「聽」到歌手黃鶯鶯在河邊練唱、可以「摸」到舒服冰涼的河水和一點髒髒的泥土。那現在的河岸，和以前的河岸有哪些不同之處？這是我們在探險過程中，不斷拋出的小問題。

課程規劃：我家門前有小河、探險去、泥塑小創作，動手捏出「生活」的一部分

四年三月十四日螢橋車站　阿桃　阿媽年

左圖，民國54年的螢橋火車站搭乘旅客眾多
右上，運用現有回收材料創作聲感小詩
右下，各組學員合力完成城南「轉轉」故事地圖

聆聽地圖的聲音

　　城南，有一條鐵路緩緩地經過，文人賦予它浪漫的想像，又讓尋常人家生活出平凡卻真實的味道。我們帶領孩子一起搭乘一輛充滿聲音想像的夢幻列車，並讓孩子試著用聲音來體驗創作一段「小詩」的浪漫過程。

　　這條消失已有半世紀之久的萬新鐵路，沿著現今的汀洲路連結從萬華到新店的旅程，是當時重要的觀光、通勤與貨物運輸鐵路。我們透過尋找到的鐵道老照片，帶著孩子一站一站認識這條鐵路，它曾經過木材、煤礦、茶業的集散地新店、經過空曠的都市邊緣、經過社區宿舍集中的城南與繁華摩登的萬華，這既是一個辛苦的年代，也是一個讓人珍惜的年代。

　　接著我們讓孩子幻想坐在火車上，火車要開往一個大家都不知道的地方；窗外很暗，沒有任何一點燈光。唯一，你能感受的是，在耳邊些許刺激的聲音，聲音忽近忽遠...。請孩子們靜靜地體驗，慢慢的想像，窗外是什麼樣的風景？而孩子們又想要在什麼地方下車呢？一場特別的聲音按摩之旅就此展開。
課程規劃：我家門前有火車、聲音按摩、聲感小詩創作

跟孩子說一件重要的事

對現今的孩子來說，什麼事情才是重要的呢？我們尚無法提出一個明確的說法。但希望能夠經由這樣的活動規劃，讓孩子們能夠細心的觀察、用心的聆聽，並且動手做出故事地圖上的創意發想，最後希望孩子們自己去選擇未來想要的生活樣貌。套句平時在紀州庵導覽常會說的一句話，「我們都有權力與能力去決定想要的居住環境」，所以也才會在台北城南留下這一處有老樹、有古蹟的文學森林。

而這些才國小二～六年級的孩子也非常優秀，有人說他參加過太陽花學運，有人說他有簽署過保護東海岸的連署書，有人說知道旁邊的停車場是徵收土地、砍掉老樹、破壞古蹟來的，馬上回應以後絕對不會去那裏停車...。

其實許多事情這些孩子都懂，下一代的孩子們正在茁壯。我們在活動中甚至提到一段關於「死亡」的議題，不知道這些孩子事後會如何思考上一代發生過的事件。但我們希望這趟城南「轉轉」的奇幻旅程，能在彼此心中種下一顆種子，當這些孩子長大後，會記得要用心聆聽、要記得動手去做、要好好記得走過的路程，看見那看不見的歷史痕跡。

後記一

第二年，延續了城南轉轉的概念，再次規劃了「城南飄飄」兒童營活動，以妖怪傳說，就是一種民間故事、流言或傳奇，來讓孩子們以表演的方式重新演繹紀州庵的奇幻故事。

近年有越來越多作家、文人的創作，選擇從在地的文史基礎作為概念，如《臺北城裡妖魔跋扈》、《幻之港 塗角窟異夢錄》等，創作出多樣風格的通俗、奇幻小說類別。「城南飄飄」則從經典傳說〈虎姑婆〉的故事，來帶入紀州庵與城南的文化歷史背景，讓小朋友從聲音文本去做聯想，學習角色設定、故事世界觀的書寫和光影變化的可能，嘗試創作出紀州庵裡的妖怪劇演出，並重新對日常生活的體驗轉譯，透過說、演形式的創作表現，開啟小朋友對生活的想像與觀察。

城南飄飄成果演出

飄飄創作

　　還記得小時候的那個故事嗎？當『虎姑婆』三個字出現時，我們都嚇得不敢睜開眼。到底虎姑婆來自哪裡？而出現時又會伴隨著什麼怪聲呢？讓我們循著聲音，一起找出那個也曾在城南裡悠晃的妖怪吧！（課程規劃：好久好久的故事─〈虎姑婆〉導讀與聲音文本聯想）

　　從聲音的軌跡中，我們漸漸勾勒出虎姑婆的習性，然而，在門外敲門的虎姑婆到底長什麼樣子呢？一同試試透過光影的變化，我們用身體用想像來網住她吧！（課程規劃：妖怪，我變變變 - 光影妖怪想像創作）

　　經過兩天的想像力大爆發，有了聲音與形體，當然要邀請大家一同來看孩子們的表演。歡迎爸爸、媽媽，阿公阿嬤一同來欣賞『城南妖怪傳說 - 虎姑婆』！（課程規劃：古蹟裡的妖怪劇 - 活動成果展）

　　城南飄飄其實是個有點瘋狂的兒童營活動，課程設計的老師 - 林欣誼與紀州庵團隊，本身並沒有帶過表演性質活動的經驗，更何況對象是一群混齡的國

小孩子。過程中一直試圖堅守的地方在於，尊重孩子們的想像與互動過程，且
必須在第三天就分組整合出公開的成果發表演出。

　　第二天很快出現了狀況。這群想像力被釋放的孩子，各自有著相當主觀的
「飄飄」想像，當然也有著差異甚多的個性。年紀長的孩子覺得小小孩過於失
控，小小孩則尚未有高年級孩子的同理心和組織能力，情感與思緒的表達既直
覺也直接。這時老師與助教的經驗就顯得特別重要，如何讓兩者之間理解彼此
的狀況，同時又能一起上台演出。

　　孩子們都具備成熟的心理素質與理解能力，端看用什麼方式與他們對話。
大孩子與小小孩可以共同合作了，也許是大人的庸人自擾，孩子們在成果發表
當天，每個人都沉浸在自己扮演的「飄飄」與劇情中。有時好像看不太懂孩子
的演出，但他們卻可以知道彼此的橋段，可以隨時提醒對方並銜接上，即便事
後詢問也能說得頭頭是道。

　　藝術教育是什麼？這讓我們思考了很久。也許是一個從遊戲過程中，激發
出的情感交流，也許是一個沒有形式，但卻充滿了想像力與創造力的成果。最
後，這是讓每個人看了都感受到孩子們純真又滿足的感動。

從藝術行動到自我成長——
九月裡的迷你展覽

文 / 林欣誼

今年三月，行動書車計劃在螢橋國小展開，是一個短期僅3個月的藝術課程進駐。『書』與『閱讀』向來是我很喜歡的主題之一，因為喜歡問『什麼是書？』『什麼是閱讀？』，這個簡單的『什麼是…』足以使人轉變思維以及著迷於事物的不同角度。在重新整理了自己的思緒與創作脈絡後，決定從『空間的定義——什麼是圖書館』做為這次課程的開始。活動中我跟孩子討論了空間的形態，挑了我喜歡的書跟他們分享，他們也找一本自己喜歡的書，重新解構介紹它。最後，以『行動書』的討論當做課程最後的樣貌。

原以為課程在五月順利結束就告一段落，不過，九月我意外收到學校的邀請，原來，老師和孩子們自主地將課程延續成一個迷你小展覽。有孩子盛裝打扮在門口迎接我到展間，有孩子向我介紹他的互動拼圖。他們小小的眼睛中散發出自信，和那天的陽光一樣耀眼。我完全沒有想到透過藝術教育所丟下的小

行動書車在社區中吸引民眾參與體驗

種子，真的正在用屬於它的方式發芽了，開始在老師、孩子與學校中留下好的影響。

其實，這兩三年來，生活上多了一個重心，就是在小學裡做藝術進駐的活動。2014年七月到2015年七月，獲得了國藝會藝術進駐校園補助，也許是獲得補助的認同，也許是創作遇到了瓶頸，在那一年我的生活是背著腳架與教具，像是小學的孩子一樣，天天都往學校跑。坦白說，那是很累很累的一年，因為我很用力想改變些什麼。想讓學校老師看見我的想法，因為無法具體描述，所以只能身體力行給老師們看；因為缺乏現場經驗，堂堂下課都要抓著學校老師請教；自己必須學習調整課程的方式，從一開始的自我滿足，找到能落實活動本質的方法。在離開學校的那一天，腦袋再度浮現我曾經問過自己的問題：到底藝術教育是要留下什麼？

我依稀還記得，在國藝會計畫的第六週發生了一個小插曲，因為分組演出的關係，有個孩子直接表達自己的想法。他很單純地說出心裡的話，然而那個單純有時卻是殘忍的。我開始想，是不是有這樣的可能性，能夠以藝術活動為媒介，陪著孩子用不同角度看這個世界，讓他們感受更細緻的情感；也透過這個非學科、沒有固定答案的課程，跟他們一同面對生活裡的失望、哭泣、憤怒等各種負面的情緒。『陪伴』與『面對』變成我認為藝術教育的核心價值，也

開始試著在每次的活動中設計更多對談與反思的機會。在螢橋國小的行動書計畫裡，是以這個方向努力的。孩子人數雖然少，但相對的我們有很多時間進行討論；有很多時候面對自己與同學；有很多空間將材料攤在地上創作；更棒的是，我們有很多的機會問為什麼，允許彼此有不同的聲音，並學習以尊重的態度去接受差異性。

在這次藝術活動歷程當中，很開心看到螢橋的孩子不斷地自我成長。因為相信沒有絕對的答案與唯一的結果，所以我們一起試著討論；因為討論，孩子學習自我發言與傾聽別人；因為開始傾聽，所以讀到人與人之間的差異性；因為看見差異性，就能夠試著學習理解；因為懂得理解，我們都可以自我反省了。在這一連串的動作中，也許只是十分鐘的對談，我們跟孩子都咀嚼各式愉快與難受的情緒。最後，這些點點滴滴的情緒都將會轉化成一件創作，可以是一張畫，可以是一首詩，當然也可以是一個小泥人。而作品的形式與美醜不是重點，重要的是我們都有能力面對自己，沈澱自己的心並充滿自信的再次出發，而九月這個迷你展覽是一個很棒的詮釋。我想，藝術教育的目的與力量就是這個吧！

藝術家 / 林欣誼

國立中央大學法語系畢法語教育學程（法語教師證）現為寶藏巖國際藝術村微型群聚創作者，擅長結合各種素材，像是回收紙漿、水泥、燈泡、線、銅片等小物品，以工作坊的形式發表其創作，更常受邀到各地方進行工作坊。工作室也連續兩年（2013~2014）擔任台北兒童藝術節創意工作坊的主持人。2014 年榮獲國藝會『藝教於樂 _ 啟發創造力』補助，目前專心於藝術進駐校園活動與zine 的創作。

河堤國小教學實驗計畫—
閱讀的「奇幻旅程」

文 / 周得豪

位在紀州庵文學森林旁的河堤國小，是間歷史悠久的學校，近年來致力推廣社區文化閱讀和踏查，也是紀州庵長期合作的夥伴。

藝術家潘羽祐的創作，因應本次策展主題「閱讀」，希望透過作品讓在地的民眾重新閱讀社區的在地紋理。因此，創作過程中不是用文學性的方式來施作，而是依照地域歷史發展所遺留的故事做發展，曾經河堤國小前的汀州路有一條鐵路經過 - 萬新鐵路，是當時連結萬華到新店主要的通勤、貨運要道。

萬新鐵道在半世紀前，因城市發展快速，運輸不再有效率後，就被廢除了。當時，河堤國小就靠近原本舊古亭站的位置，現今則是學校旁邊新增了一處U-Bike站。透過這樣的概念，造成時空上有趣的轉換，過去搭乘火車是民眾的日常風景，變成現在是騎U-bike的生活方式，就藉著這樣的轉換來想像一個穿越時空的「奇幻旅程」。

蒐集資源回收材料　　　　　　以回收材料製作「奇幻旅程」

　　河堤國小的校園實驗計畫，是與五年1班的同學來合作完成。在課程中，透過旅行經驗的分享、討論，再將同學的經驗轉化成創作的基礎，而這個基礎就是從萬新鐵路發展出的脈絡。一個消逝不在的鐵道會有什麼樣的旅程想像，同學們除了增加了現代化的車子，也有未來交通工具的想像，或是奇特拼裝的多功能交通工具，希望讓小朋友來呈現一個旅程或是她到哪裡去旅遊的情境。

　　另外一個重要連結，是創作基地的特殊性，這是位在河堤國小旁的U-Bike站，在U-Bike站的旁邊是一個私人的資源回收場。在這樣的環境中，有著許多衝突性的視覺感，一邊是有點凌亂的回收物品堆積，一邊是乾淨有秩序排列的U-Bike。

　　因此，在共同創作過程中，團隊與資源回收場的負責人得到了共識，讓我們可以從回收場中挑選、蒐集造型適合的物件，作為同學創作材料的來源。除了回收物件，也向社區、同學們公開募集廢棄不要的玩具，希望能夠從場域本身的物件中，再重新創造出新的意象，同時也改善原有回收場的環境。

　　在使用資源回收和募集來的物件上，也有著另一層意義存在。這些瓶瓶罐罐或廢棄的零件、或撿來的木頭，都是來自四面八方各個地方的材料。對材料本身來說，它們也是在旅行的過程，不論是從甲地到乙地，或是曾在不同使用環境後被轉換成的成品，在以作為創作的基礎點上，物件本身就已經有一個旅

行的奇幻性產生。所以不管是同學即將共同完成的創作與物件本身，它們都是計畫中重新幻想的旅程起點。

實際上，在整個構圖或作品的呈現，雖然名曰是「旅程」，但某種程度是一種塗鴉式游擊的方式在呈現。對創作者來說，閱讀的最初原點應該是來自於「書寫」這件事，如果沒有書或文字的創作，那接下來的人就很難去做一個閱讀性的行為。因此，在作品中產生一個壁畫組合的圖案，是透過書寫性運作模式產生的，這跟創作者過去所學背景「水墨」為主的方向有關。

就閱讀本身而言，創作者比較在乎的是，希望作品可以帶來或觸發社區民眾對於在地，或所謂歷史上的未來性想像，產生一種閱讀性的概念。而不是純粹以文學作為出發點，是透過在地的紋理來發掘同學們未來在生活上，可以再繼續以此為基礎發酵，或是持續對社區空間有更多的想像力。

這次與河堤國小合作的過程，因為同一班小朋友前年曾與紀州庵和做過另一項實驗計畫，所以有一半的同學是原本就認識的。當然這是一個巧合，因藝術家與團隊本身，從沒想過怎麼隔了兩年又遇到同一班的同學。但雖然有一半是認識的同學，過程中也因著認識，所以還不時有些同學過度的放鬆，讓作品差一點無法順利全班一起完成。或許某種程度與相同的同學再相遇，除了是藝術家與同學的緣分外，也是呼應了「奇幻的旅程」中的奇幻性吧。

「奇幻的旅程」作品全景

受訪藝術家 / 潘羽祐

　　1976年出生，畢業於國立台北
藝術大學美術創作碩士班，現居於台
北。專注平面藝術創作，多以繪畫及
平面設計為主。作品以水墨傳統繪畫
形式結合個人的生活情境，試圖詮釋
一種矯情的優雅。近年多關注地域特
色與人的生活關係，開始嘗試利用不
同媒材並在不同場域中進行創作，其
最受人矚目的要屬大型壁畫創作，為
公共空間帶來不同的生活趣味。

萬新鐵路1965——
日常中的風景

文 / 周得豪

　　日常生活，對我們來說代表什麼？綿延至地平線的鐵道，對我們又有什麼
意義？絕大部分人每天都有著相同的經歷，這些經歷使得我們的生活日程變得
「普通」，並且絕大部分我們都不能給出任何解釋。

　　而現代化的日常生活很大程度上是被「汽車文化」、「捷運文化」所形
塑、占據著，我們行經的風景充滿了理性的城市空間規劃，都市成為圍繞著動
脈狀交通系統網絡而建的現代景觀，儘管道路一度是服務於城市，如今的城市
發展則像是附屬於道路並通過它貫通各個方向 。因此，逐漸地我們體驗空間
環境的經驗越來貧乏，觀察能力也越加受限。

　　曾經我們的生活是更加具有人性與美學的文化氛圍。在城南，曾經有一條
窄軌鐵路經過，它成為作家筆下的生活經驗與情感投射，它也曾是地方民眾日
常生活的景觀，即便現今早已不復見，但我們仍然可以發現它曾經存在過的痕

五十四年三月廿六日開始拆除舊的台北新店鐵路及螢橋車站

民國五十四年的萬新鐵路

跡。假如你願意觀察日常生活中不經意的細節,一定會發現它。

　　因此,我們從九月開始尋找這條消失的鐵道──萬新鐵路.訪問了地方耆老、募集了老照片,徵集了作家為它書寫的文字,也探詢了台鐵文資管理單位,尋找曾經的物件。但這一條消失半世紀之久的鐵道,對現代人的意義會是什麼呢?即便現代化過程造成的歷史斷裂是不可逆的結果,我們也無能重建一齣時代穿越劇回到五〇年代的台灣。

　　所以我們希望透過群眾的想像力,以動畫的方式,集結出每個人對鐵道的想像,對通勤的想像,對父母親或祖父母生活情境的想像,擘劃出一段可能有點奇幻又帶點詩意的鐵道之旅。這段旅程會經過煤礦、木材產業興盛時期的新店與老派約會勝地的碧潭,也會經過書香人文風氣鼎盛的公館,還有作家書寫回憶場景的螢橋與摩登時尚的終點－萬華站。

青春列車的風景創作

　　「萬新鐵路1965」是指1965年即是鐵道拆除那一年,這是2015年紀州庵新館周年慶定的活動主題概念。對於鐵道的想像中,過去曾有無數民眾搭乘過的經驗,即便現今看不到了,那要如何將鐵道經驗延伸到數十人或上百人的參與呢?

火車動畫開跑囉

　　這時與合作同伴林欣誼共同幻想了一個畫面，如果我們查詢沿著汀州路上的每間學校，從每間學校裡只要找到一個班級合作，一個班級有三〇個人，一個人畫兩張圖畫，那將這些圖畫做成動畫的成果，不就會有好幾百張的素材，可完成好幾分鐘的逐格動畫了；又每個同學在展覽期間，如果帶著家長一起來到紀州庵欣賞孩子的作品，不就有上千人次的參觀人數了嗎！計畫詭計就從這樣的幻想中展開了。

　　在學校實驗過程裡，我們跟同學們述說萬新鐵路沿線經過的故事，從萬華到螢橋、從螢橋到古亭、從古亭到公館、再從公館到新店，每一個路途都有不同的車窗風景。會經過當時摩登繁華的萬華站，經過住宅密集的螢橋站與古亭站，經過書香滿溢的公館站，還有到達終點站，約會聖地與貨運最多的新店站。經過每一站的窗外風景，都有不一樣的故事與感受。

　　欣賞完萬新鐵路的窗外風景後，我們向同學提問，你們搭過火車嗎？如果有，目的地是哪裡？搭乘的感覺如何？如果沒有，那一起想像一下，搭乘火車過程中往車窗外看出去，會看見什麼樣的風景？每個地方是否有不一樣的特色呢？

　　我們希望讓同學透過想像力，去畫出萬新鐵道每一站的車窗外風景，想像現在風景與五〇年前風景有何差別，並將每位同學車窗所繪製的風景拼貼成動畫中的元素。最後，「青春列車的風景創作」除了集體完成一部動畫之外，也讓每個參與同學留下了旅行的願望，期許長大後的某天，能夠回想起這樣的故事。

繪圖／朱家萱（師大附中1399）

記憶像鐵軌一樣長──關於「移動/通勤」的詩的想像

接續2015年紀州庵新館周年慶的主題，另外一項校園參與創作則從在地文本出發。

作家余光中的第一本散文集《記憶像鐵軌一樣長》，同名篇章描寫了在各國搭乘火車移動的經驗，其中也包含年少居住在台北城南廈門街時的記憶，回憶著夜裡踩著軌道旁的碎石，鞋聲軋軋地走回家去，並把枕木踩成一把平放天梯的生動文字。

對現代人來說，生活中的移動與通勤早已有了另一層次的經驗。本計畫希望經由現代人對「移動／通勤」的生活體驗轉作為文字的敘述，也許經驗有好有壞，但每個人心裡都會擁有一個屬於自己記憶的地方。

青年移動 / 通勤的視野——
萬新鐵道展中的校園參與計畫

文 / 周得豪

　　對現代的青年世代族群來說，移動與通勤的生活經驗，是深刻受到現代化的交通與都市規劃影響，也影響了青年對於文化環境的認識和對地方空間的感受。為此，在一〇四年底策畫的「都市萬新・日日萬新」鐵道展覽中，我們試著讓青年朋友透過作家余光中第一本散文集《記憶像鐵軌一樣長》的同名篇章，其內容描寫在各國搭乘火車移動的經驗，也包含年少居住在台北城南廈門街的記憶，回憶著夜裡踩著軌道旁的碎石，鞋聲軋軋地走回家去，並把枕木踩成一把平放天梯的生動文字，作為本次計畫參與者的師大附中語文資優班一年級（1399）同學的導引，來反思書寫個人的移動 / 通勤經驗，並試著將不同世代的經驗作為連結參照，而如此跨世代的文化交流，也是重新回看自處世界變化的方式。

　　關於「移動」想像，自古即是充滿了魅力與浪漫的情懷，如數萬年前東非

人移動到各大陸的史詩遷徙、地理大發現時代的海上航行與陸上探索，至今仍是眾多冒險、傳奇小說與電影的原型故事；移動也橫跨了時間與空間之間的障礙，如電影《2001太空漫遊》 《星際效應》星際間的移動漫遊，在愛因斯坦提出相對論的百年後證實了重力波的存在，讓David Bowie的湯姆上校所身處的孤寂宇宙，有了一絲漣漪波瀾；移動除了浪漫情懷之外，對現代人也有不同的意義，如約略從1950年代左右開始的近代最大規模移民潮，讓全世界有三分之一的人口正在流動遷徙著，在英國倫敦有孟加拉、印度等地方的移民試著透過教育制度來晉升為中產階級，在美國洛杉磯的拉美族裔、在德國柏林的土耳其人、在法國的北非移民都有著類似的移民流動。現代化造成的貧富差距，讓帝國之眼深刻地影響彼此的世界與視野。

回到島國現實生活中的移動，對尋常人來說每日重複的通勤經驗是共通的移動過程，不論是步行、開車或搭乘捷運、公車、火車等運輸工具，這些因著現代知識啟蒙與科技進展而衍生的移動性，都讓我們與世界的關聯成為獨一無二的新鮮體驗，也造就了集體形塑出來的城市韻律與節奏感，使得我們得以見到同一個「有不同理解」的世界。

在學生的圖文／詩創作中，可以很明顯發現文字中，關乎自身內在感受的陳述遠多過對周遭人、事、物、景的觀察，如：

50

「又一波沙丁魚群　一種疲態　百樣情　交錯會集交錯會集交錯會集　彼此的過客　暫時相遇罷了　夜幕已低垂　自然成習慣　上車　下車　移動」

（節錄〈通勤。一天的始末〉・李沂潔）

「天黑了　我醒在清晨　卻在夜晚才走向家　轉了這麼多彎走了這麼多路　看了這麼多人　我已經迷失方向　卻非得勞累至極才找的到家　千迴百轉　我們同樣迷失在時間裡　從睜眼起就該知道無法抽身」

（節錄〈生命列車〉・高天倪）

從節錄的兩段文字中，大致也能對台灣目前教育體制下的學習經驗感同身受，是種機械式的知識灌輸造就的無感境況。除了描述內在感受外，也可見得台北捷運與路上行走的擁擠繁忙成為彼此共通的經驗，如：

「紅燈，行人紛紛不耐的抬手看手錶、跺腳、東張西望。燈號一變，多數人爭先恐後的抬腳奔向馬路對面的捷運站。提著公文包的男子西裝翻飛著；穿著套裝的女子叩、叩、叩的用鞋跟敲著地板。不同學校的學生背著沉重的書包為了不遲到而努力著，像卓別林黑白片裡辛勤工作的背景人物。單調。一成不變。沒有顏色。……很多人太忙、太累、太趕，對身邊的事，視而不見，錯失許多樂趣。身可以匆匆，但心不能匆匆。」

（節錄〈匆匆〉・陳舒涵）

這段文字也可以看出我們滿擅長描寫細緻微小的社會情境和反身思考。

不同地方的移動經驗，其通過的路線與過程，對同學似乎較多像是無意義般的存在，焦點易被強調於地方的所在與選擇的移動方式，忽略了「移動路線」本身具有的特殊性與其變動的「風景」（此處的「風景」是指涉這塊有人生活的地方，也包含著人與土地間的關係）。

「…汀州路上的營生，經常整筐整籮滿溢出來，漫過騎樓，在馬路上占地為王。整筐整籮，並非新鮮如魚蝦蔬果，而是中正橋自強市場一帶的舊貨市場。此處的舊貨專攻廚具，在不遠處的牯嶺街專攻舊書，廈門街專攻舊家具，再遠一點，老松國小附近，專攻舊電視與腳踏車…」

（房慧真・《河流》・台北：印刻・2013）

　　作家房慧真一如其擅長書寫的主題，對於土地與在此生活的人們，總有細膩的觀察與充沛的情感。這在許多資深作家（相較於學生）中的書寫都可以見到，如鐘文音的〈夜未央城〉、舒國治的《水城台北》、王文興的《十五篇小說》與《家變》、劉克襄的散文...等，這幾位作家在此次展覽中，皆透過策展人以相關聯的文本轉換，來讓民眾能對已消逝的或未曾接觸過的「風景」有所認識。

　　之於此次展覽，我們希望提出的不是個結論式的展示與文本分析報告，而是透過不同世代間的書寫，來讓更多人了解彼此對歷史、文化的不同生活經驗與觀察。因此，在有限的篇幅中僅擷取部分的文字，可能有點主觀與偏頗，但也希望未來能有更嚴謹與多元的合作嘗試，讓世代間的斷裂逐漸修補與看見。特別感謝參與展覽計畫的師大附中1399師生與國文科教師魯秀華的協助。

現代吟遊詩人——
蟾蜍山、寶藏巖、紀州庵地景走讀創作

文 / 周得豪

「記憶的潮水繼續湧流，城市像海綿一般把它吸幹而膨脹起來。描述今天
的采拉，應該包含采拉的整個過去：然而這城不會泄露它的過去，只會把它像
掌紋一樣藏起來，寫在街角、在窗格子裏、在樓梯的扶手上、在避雷針的天線
上、在旗桿上，每個環節依次呈現抓花的痕跡、刻鑿的痕跡、塗鴉的痕跡。」

——卡爾維諾《看不見的城市》

試曾想過，如何描寫一座城市的樣貌？或是述說一段城市裡的故事？

作家卡爾維諾用近似寓言的方式，將城市的虛構和現實交錯縱橫，使得以
窺見與找尋每個人心中那座看不見的城市樣貌。中世紀以前，西方吟遊詩人在
部落、社會中以詩歌吟唱的方式，在各地傳述各樣英雄史詩與鄉野傳奇，讓不
同地域的故事得以被認識與流傳。二〇世紀初，班雅明在《說故事的人》中，

讓我們理解「故事」是一個口傳的經驗，也是人們相互交換經驗的方式，但現代化的過程中也讓我們對故事失去了興趣，除了是故事的失落，也是經驗與價值的失落。但故事並未就此消失，只是隱藏在我們不再看見的城市角落中。

現代的吟遊詩人是什麼概念呢？我們可以如何去記錄與傳唱一個地方的風俗與故事？流浪、穿梭在城市與鄉郊之間，是現代青年們關於都市地景過去與末來的想像。本火計畫以新店溪流經的蟾蜍山、寶藏巖與紀州庵，三個風格、命運各異的據點串連，作為城南文學廊道的創作想像。期能經由青年的視野，帶領我們從文藝表現中，看見現實生活中的社會現象，它也許是一種思想、觀點、感覺與慾望的展現，也是種尋找現代生活中的非物質性價值的試驗。透過實地觀察、紀錄與創作，重新讓閱讀/聽者有更自由、活潑的對日常生活有嶄新的詮釋與交流。

蟾蜍山

保留著一陣古舊台灣氣息的蟾蜍山，屋子依山而建，形成一個小聚落。這個滿滿庶民以及素人味的山城，至今仍未被時代吞噬，有賴不同的文學人積極保留蟾蜍山的特殊風貌。蟾蜍山此名也引來了不同的傳說創作，吸引眾多導演、文人、畫家在此定居或為此地作為影視拍攝場景，如侯孝賢、鄭在東、張萬興、須文蔚、林鉅等人。

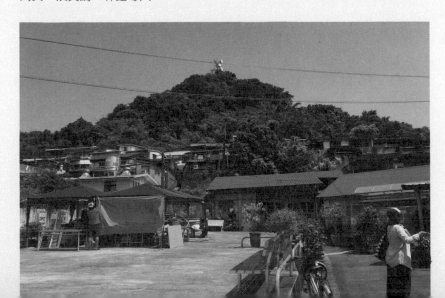

帶領學生到寶藏巖踏查環境

寶藏巖

　　圍狹於福和橋、基隆路高架橋與水源快速道路三角內的寶藏巖歷史聚落，雖幾次踞為軍事要地，大多仍是漳泉移民的山屋與戰後自建的眷舍，形成依虎空山披散雜鱗般的違建屋景與盤根錯節的曲折巷弄。現作為「國際藝術村」概念經營運作，提供國內、外藝術家創作與居住的空間，讓跨文化、跨領域的藝術能量，在此相互撞擊與交融。

紀州庵

　　同安街、廈門街、牯嶺街、洪範書店、爾雅出版社，這些耳熟能詳的名字，是五〇到七〇年代城南文學鼎盛的年代，所遺留下歷史記憶。文學的浸潤在文人走過的巷弄間、在作家交稿與出版社邀稿的反覆間流動著、也在客廳、廚房間的方言、話語間傳遞著，形成歲月下潛藏的深厚底蘊。三〇年後的今天，我們走在同樣的巷弄，看見從歷史走來的古老物，撫摸歲月的皺褶，並寫下新的風景。

開放式創作

　　「現代吟遊詩人」計畫，再次與師大附中人文資優班（1399）合作，時

爾雅書房林貴真老師，向同學介紹城南歲月流轉

隔半年學生是否對創作有進一步的體會呢？在此計畫中，開放讓同學自由發揮創作形式的發想。但為了避免學生不知如何開始，所以提供了三個方向作為參考，並且規劃暑假期間的指導業師，讓學生遇到創作上問題時，可以找到對象討論。三個方向的創作形式，皆可互相跨越不同形式的創作，可以是個人創作也可以是團體創作，由學生自主決定。

視覺影像

可以是以畫面記錄地景面貌，可以是畫筆的描畫，或是攝影的藝術，更可是動畫的創作，或者用攝影機器記錄自己的步伐，穿越山巒與大街小巷之間。

音樂創作

人們高歌，是因為興之所至，也是因為旋律歌詞便於頌唱。倘若記錄地方特色的文字入曲，會不會是現代民謠，歌唱新世紀。

文字創作

我們書寫，相信文字的力量，小說波雲橘詭，散文情感豐富，詩歌優美雅緻，甚至是生動活潑的劇本，都可以是生活的再現，奇幻的想像。

　　這次計畫過程中，我們發現在高中生的暑假中，遠比可想像的更忙碌。幾乎每位學生都排滿了進修計畫，有的補習、有的參加各種營隊、還有大半學生直接飛往國外見學，所有時間早已被填滿。所以原先期待的學生自主式創作與討論，並未在過程中發生。而是在開學過後，才有時間因著老師的半強迫，重新開始回想曾經到過的三個場域。

　　但既是資優生，這些同學相對能夠較快速地掌握計畫概念。其中有三位同學—以裝置式的作品呈現，並加入了自由交換的設計，如果民眾喜歡她的作品，那就投入認為合理的金額到樂捐箱中，接著就可帶走這件作品。

　　在大多個人式作品中，也有一件共同創作，吳予涵與陳敬昇以影像剪輯再加入自己錄製的朗讀聲，所完成的影像詩〈末路重生 - 寶藏巖〉。除了裝置與影像外，有同學以純文字的短篇故事作為發表，李昱潔的〈流〉、鄭旨妤的〈石頭記〉等，都有不錯表現。以下摘錄李昱潔作品〈流〉，作為有限篇幅的作品賞析。

流

文／李昱潔

他從海上來。

來到老房已有四、五個年頭，習慣了這個季節裡溼寒的天氣，不再因屋底透生的寒而打哆嗦。秋末之際，風會從破舊的木門裡灌進來，野獸哀鳴一般的響。每到這個時候，他會坐在窗邊兒發呆，因為他總覺著能從那楞神裡聽見些什麼，街坊們老問起他古怪的習慣，他只是眺著遠方，淡淡地回答：「聽風。」

他說這話卻並非敷衍，他在聽風，因為他總覺著能從那聽出些什麼。

風從海上來。

從上一個家遷至老房已有些時日，老房是他們待的最久的一個家。他的童年總是四處的遷徙，他老想他們這輩人，或許還包括他父母那輩人，是沒有所謂家的。他父親從前常說，有家人在的地方便是家。若是身邊沒了家人，心在哪兒，家在哪兒。他想父親說這話的時候，大概少不了自我安慰的成分，父親不過像回答他人問題那樣的回答自己，更多的也許是讓自己確信。現在他父親也不愛說這些話了，他想他父親是漸漸忘了，許多事情，在不聲不響的日子裡會慢慢消散。風吹過的時候，把什麼吹了走。

他從海上來。

他覺得這個季節裡的風，像極了野獸的哀鳴。他的記憶裡有模糊的一段，關於戰爭。耳邊有槍砲聲，接著是嬰孩的啼哭聲，再接著是陣陣的痛哭和悲鳴，在遙遠的幾乎聽不見的地方，是風聲。這個記憶畫面使他想到母親，他有時甚至覺得這可能並不是他的記憶，一切渺遠的不真實的像噩夢一場。他問母親，該不該有這樣的一段，母親似答非答。在這個季節裡聽風，似乎能聽見些什麼，有時風會捲起地上的落葉，將它們帶往下一個遠方，他在窗邊楞神，覺得自己像極了那些落葉。

風從海上來。

今年冬天來的早，待在沒有暖氣的老房裡，腳底透生的寒氣使人直打哆嗦。新漆補好的木門不再響，偶爾會有微弱的風從那裡灌進來。他喜歡坐在窗邊楞神，他眺著遠方，似乎從那裡聽見了些什麼。風來的時候，會帶來滿地落葉，和這個季節裡潮濕腐土的氣味，雖然也有那樣的時候，風會帶走些什麼。他坐在窗邊發呆，眺著沒有盡頭的遠方，他在那兒等風來。

在地知識

　　在地知識是種共有習慣建立的過程，它概括了彼此生活方式的總結，像是宗教、慶典與節慶的生成，飲食習慣的建立，產業發展的變遷，技藝傳承的革新等。而本次計畫將聚焦在五〇~七〇年代的城南文學故事，它是一個世代人的生活風景，也是一段文人們交流的情誼。

故事此間的層層堆疊——
訪插畫藝術家五七

文 / 林奴霜

　　帶著尋寶般的心情，徒步城南街巷。彩繪在同安街九十七巷的牆面，藝術家五七的壁畫，以童趣天真、充滿正面能量的風格，開展眼前。宛如鏡頭景框的移動，隨著視點的變化，被引進他的故事宇宙中，從而也更動了某種靜默而固態的記憶方式。

　　訪談當日，五七手提滑板進入紀州庵，如同其作品給予的矢印印象，充滿率性與活力的個人姿態。問及滑板，他說自己時常在前往施作地點時，趁著夜間人車稀少，在柏油路上滑行。使人不意在腦海中閃現，作為他此次壁畫創意發想的文本之一，描繪了孩童跑過街衢巷底，腳下木屐踢踏作響，那樣的無憂身影在此刻竟被重疊起來。

　　試著將已然殊異的人情事景兩相共置：棲居者與經過者，昔日與當下，相同的街巷，不同的往返穿梭方式。在時光畢現的空間裡，他所經驗的，關於新

作品草圖

的發生與新的感知，勢必同時滲進了其藝術表現之中，呈顯了複調且多樣的美學世界。

五七，本名吳騏，出生於金門，從小喜歡畫畫，他說直到念復興商工時才開始接觸真正的美術。大學時發現插畫能結合美術、設計與創意，決定專心做插畫工作，「但沒有風格，容易被取代」，他花了一段時間摸索，累積經驗，才找到獨屬的風格，其後被慧眼相中，藝文接案與商業合作也漸趨穩定。

他雖非初次參與街區的壁畫彩繪與導覽解說，但這次的城南藝術浸潤計畫，卻花費了近三十多個小時，是他創作以來工時最長的一次。一方面由於地緣較近之故，一方面他試圖經由這次的作品，有意識地實驗、嘗試更多層次、精細化的畫法。

壁畫是以水泥漆為媒材，講求效率。但為了提升質感，不同以往只打底一層的畫法，這次五七利用畫油畫的方式，一層一層堆疊顏料，或採用漸層或補充陰影細節。「元素與風格並沒有異動，而是在於層次上的問題。」並因運用了大量的顏色，呈現多彩繽紛的視覺效果，光是調色也花費許多工時。

他的作品〈文韶之隧〉從余光中的詩作〈月光曲〉和〈踢踢踏〉汲取靈感，重新造設一個抽象的世界。他說自己在閱讀的時候，習慣依直覺在腦海中建構畫面，想像當時的街景建築，或轉換為情境，或提取視覺元素。

夜間彩繪過程

　　由於有可供參照的地理位置與歷史系譜，他在牆面的主要位置，著畫了一個孩童穿著木屐，屈膝抱著彎月，具象也具現化了他對詩作的感覺。除了觸及視覺與聽覺之外，「隧道」也是這次創作裡另一個重要的意象。

　　五七帶領我們到壁畫前，對圖像背後的衍生意義，一一解碼。他在這幅畫作的最前頭，繪製了一隻帶著笑臉的幼蟲，從開啟的書本進入到一座文學森林之中，並將書本與街區結合，築造了許多建築，五七認為「書本是一扇窗口，就像時光隧道一樣，透過閱讀可以帶你到任何時代去。」

　　跟隨著將視線後移，從而有種天地上下豁然開闊之感，畫裡涵容了各式各樣的形像符號，也埋設了許多象徵意義。「就像沉浸在歷史之中，然後進去解讀。」除了代表守護夢想的「夢獸」、想飛卻佇立遠方的「鳥山」，這些過往作品中時常出現的主題；一路走往後方，以牆面的水管為鼻子的大象，是所謂的「想像」，「中間會有激盪，就像火山會爆發出新的想法，承接以往的東西去開展新的東西。」

　　童真意涵的小鴨，甚至是五七飼養的貓咪也在畫中有其行跡，他說這些小元素藏在其中，反而是最容易有共鳴和產生趣味性的地方。不只是明亮新鮮的色彩布署，或是笑臉的呈現，他在每雙眼睛裡圖繪閃閃發光的加號，那也是他的世界觀，「希望至少是正面的增加，而不是負面的減少。」

　　壁畫創作濃縮了他豐富的想像，也儲存了他獨特的情感記憶，每一個大大小小的圖像都企圖指向一份意義，需要透過聯想，或許較為抽象。「從練習畫插畫開始，我的創作就是來自生活周遭或想要讓人看見的東西，所以不會很直接，希望能產生細微的共鳴。作品也會藏一些比較自己的東西。我會有自己對意義的註解，但希望讓別人能看到一個故事的感覺。」

　　生命歷史與視覺意象被匯融、交疊於此，既暗藏了創作者個人私密的創作體系，也記錄了文本經由異質時空的迴響，如何重新闡述。五七利用牆面創作，也與空間及人際產生互動關係。他希望自己的創作在被理解之後，是能令人愉悅的。「看到這面牆，會覺得這是一個自己的資產或珍惜的寶貝，從而對環境也能多一分關心。」彷彿重層的光景，照見過往、身處所在與自己，在想像的世界裡也直視周圍。而當我們駐足凝視，宛若一同棲住了時光。

（本文作者為作家）

受訪藝術家／五七

　　五七，本名吳騏。專職插畫家。創作風格色彩繽紛，層次豐富。多次與出版品、商品設計、主視覺形象設計、跨界品牌聯名設計等進行插畫合作。近期展覽及創作經歷：「基本上來說」插畫裝置展覽（新譯旅店，2015）、中湖國小壁畫創作及講座（鶯歌，2014）、〈夢獸〉社區壁畫創作（綠圈圈藝術季，2014）、新北市府中十五「插個話匣子」插畫聯展（2013）等。

歲月，靜好——
六十九談城南舊事

文 / 徐禎苓

歲月

重慶南路三段14巷一號。

這塊已消失於台北市的門牌，曾是五、六〇年代文人的集體記憶。

夏家公館。

一幢18蓆榻榻米大的日式建築。

林海音的女兒夏祖麗憶起家居那八疊蓆的小客廳，時常出入外省、本省、年長、年輕的作家們，彼此談文論藝。

五、六十年前的城南，林海音、何凡騎腳踏車穿梭彎彎曲曲的巷弄，趕赴作家們的家取稿；晚上或周末，他們或許相約夏家公館，圍桌吃林海音的拿手菜，喝何凡親泡的茶。現在的我們縱然沒趕上五、六十年前的時光，但透過文學、影像，彷彿也能想像當時盛況。而正是那些故事，讓藝術家六十九第一次以插畫語言迻譯文學文本，他以藝術家的視角，將如何詮釋城南舊事呢？

八十九參考林海音
先生文本，認識城
南作家交遊的故事

因緣

　　七月午後，太陽仍毒辣，與六十九及其經紀人阿Q會於紀州庵。日光穿過茶館的玻璃窗，吸吮他們裸露出的臂膀，遂忍不住挪了挪椅子，熱，才知悉那日竟突破台灣史上的高溫紀錄。想起前陣子繪製壁畫，總被雷雨攪亂進度，六十九和阿Q在紀州庵館內，有時從早上十點待到傍晚，等候淅淅瀝瀝的雨過去，實在與此刻的艷陽判若兩樣。

　　談起城南，雖是初次曉得這個指涉意涵，卻不陌生，任職的「在路上行銷顧問公司」就位於古亭市場附近，早已往來同安街多回；而城南孕育出雲門舞集、紙風車劇團、趙自強等藝術表演者，正巧與六十九的繪圖經歷相關聯。早期他以雲門舞集的舞蹈為發想，進行創作；亦曾畫過趙自強扮演的水果奶奶人物像，都與城南息息相關。因而，這次與紀州庵合作，無意間勾拉起過往的創作歷程。

　　在施作壁畫時，六十九注意到同安街的寧靜，更感受居民往來和善。幾次，隔壁商店的伯伯主動前來關心，並聊起生於斯、長於斯的故事。影響這次創作「想以紀州庵一帶寧靜的感覺為主，大家融洽相處，以及人情味的展現。」

隱喻

六十九的壁畫，只稍在兩個街口外，便能清楚看見。粉黃的牆面上，一張大大的深褐色圓桌，桌面擺放一疊綠格稿紙、一本書、兩個湯碗，還有許多小人物圍繞桌腳。沒有太複雜的裝飾，沒有斑斕的色調，卻簡潔而溫柔。

真醇典雅，是六十九的繪畫風格，也是初讀夏家故事的感受。

　　他低頭在赭紅皮的筆記本上，振筆寫下幾個關鍵詞，由阿Q串織起完整句意：「很羨慕有志同道合的朋友一起研討文學，以插畫家來說，大部分時間是比較孤單的，坐在桌子前面畫圖；特別六十九的特殊身分，更少有機會和大家相聚一起分享想法。所以非常喜歡那畫面。」

　　那畫面成為壁畫主軸。掬取「中國人的事情在桌上談成」的概念，以及圓桌的圓融，隱喻文學從桌上、從作家的交流激盪裡產生，並輔以桌面的書本、稿紙烘呈藝文氛圍。

　　「林海音老師招待作家們，其中又與余光中一家互動頻繁、親近，當時兩家小孩常玩在一起，老師會請他們吃綠豆湯。不過，實際作畫時，改畫上溫暖的紅豆湯，強調溫潤的人際交流。一群文學作家相聚，他們的興趣、想法碰撞，構成餐桌的基本理念。」

　　六十九的創作是所有壁畫中最靠近紀州庵的，他勘查每位由同安街方向來紀州庵的人，必定看得到這幅畫，所以想要添入指引概念，在最左上角處畫了一個小女孩，手指牆外紀州庵的方向，作為路標，表示「紀州庵到了」，「讓這張圖達到結合文學和路標的效益。」

六十九淡然的筆觸不只展現作家日常，也讓壁畫自然融入城南生活；而生活，一直是他追尋的創作理念。

挑戰

　　這是六十九第一次畫戶外壁畫，相較於擅長的電腦繪圖，無論是工具、筆觸或觀看方式總總，均為挑戰。

　　首先是畫面大小，原本預計畫兩層樓半的高度，但現場搭起的三層鷹架非想像穩固，六十九沿側邊的X型細鐵桿攀爬上去時，鐵架已數度搖晃，不免擔

作畫過程與完成圖

心，故臨時決定調整為一層樓半的高度，畫面由直幅轉橫，且增綴一些人物、配件，使視覺效果更寬闊些。

八十九喜歡使用乾毛筆筆刷，毛筆反覆使用久了，筆毛會呈現炸開狀，這種特殊筆觸是新毛筆無法呈現的，他模擬這種筆觸到電腦，形成特殊畫風。「這意味著工具經歷長久創作後，一直陪在身邊，象徵著自己長期創作的理念。工具就算沒有那麼新了，還是有它獨特的地方。長期創作以來把有價值的東西保留下來，這其實可以和城南呼應。城南文學都是很有價值的瑰寶，即使時代久遠，也仍被保留。」

不過，實際操作所選用的油漆刷總無法呈現炸毛效果，筆觸難以如乾毛筆筆刷，最後只好挑揀刷毛較不柔順的油漆刷，在最外層輕輕塗上些許油漆，再刷抹牆壁，盡量達到預期樣態。

另外，原設想人物們有不同顏色的服裝，一方面表現輕鬆交流的感覺，另一方面強化人物特色。然則，為了過路行人能在遠處就辨識出圖畫內容，修減掉人物身上的顏色。六十九也實際測試，站在兩條街外，確實可以明顯看到桌上的稿紙、湯碗和人物。

70

靜好

　　五、六十年後的城南，重慶南路三段早不是日式房舍，14巷一號也夷為馬路，然而舊時的圓木桌，舊時的人，在六十九的畫筆，在同安街86巷的壁上，以插畫織接起五、六十年前的城南舊事。

　　站在畫前，隔著一甲子的時空往回看，熱鬧的作家聚會，簡單的菜餚，爬格子的深夜......

　　一切歲月靜好。

（本文作者為政治大學中文系博士生）

受訪藝術家 / 六十九

　　六十九，本名王家騏。此名緣於六十九的生日，且6跟9常被用於耳朵的象形，可做為其特色表徵——自幼失聰的六十九，少卻聲音的干擾，更能全心投入繪畫。在古早美好事物不斷被漠視毀棄的時代，六十九希望以自己的創作，為台灣留下記憶。他與多家企業及媒體合作插畫，如：《親子天下》、《國語日報》、《ELLE》、松山誠品《時光》刊物等。

蘇映綾談〈花咲‧川端橋〉

文 / 徐禎苓

發現川端橋

「太陽正落在橋的那邊，血紅金黃，橋邊一片平陽土地，河水清澈，有幾個穿著花裙的女孩跪著在洗滌衣服，橋邊一輛牛車，緩緩而行。我呆立不動，久久無言。河裡有打槳聲，幾條藍色小艇，在夕陽下往來行駛。我看不清川端橋的全貌，在我站的地方看去，她好像是橫架淡水河的一排欄杆，欄杆那邊，水流彎彎轉身過去，這條橋正隔得恰到好處，在水天原野間，有了新奇的點綴。」

這是五○年代作家徐鍾珮在〈發現了川端橋〉裡的敘述。

並且，語帶驚艷：「我想我永不會忘記我對川端橋的第一眼！」那一眼道盡了城南的家常生活，被溫柔地包覆在紅曦下。

川端橋竣工於日治時期昭和12年（1937），1945年的政權轉變，更名為

72

堆滿雜物的閒置空間 　　　　　　　　整理出一塊空地與牆面

中正橋；即便如此，時人仍慣以川端橋稱呼。

　　水源快速道路還未興建的時候，臨靠新店溪的古亭區，延續日治時代的明媚閒雅，溪上舟楫擺渡，岸邊田園別墅、酒館茶室，為納涼賞月的觀光勝地。只要站在堤岸上，或者紀州庵，便能飽覽川端橋風景。

　　時移事易，景緻遷變。縱然如此，藝術家蘇映綾於廈門街47巷的小花圃內，結合地景，想像徐鍾珮當年難忘的一眼，以及行過者的第一眼。

橋牽兩世紀

　　經過廈門街的小花圃，即便鐵柵欄深鎖，仍不難發現左側壁面有幅大型落地壁畫。最先引人注意的應是畫面右方鮮亮粉嫩的花朵，花下散著幾幢木式老屋；倚著一彎新店溪，溪上乘托藍色船艇；沿溪而上為現代公寓，銜接起公寓與彼岸紅色山石的為川端橋。褐色橋墩、紅色橋身，雖一改水泥橋樑的實際面貌，卻因暖色系鉤出溫煦基調。

　　蘇映綾回顧東海大學美術系的學思養成，承襲蔣勳以降的藝術觀，側重本土精神，使得作品富有人文感，敘事性較強，畫面感也容易彰顯。反映於這次創作上，蘇映綾的構圖靈感，主要汲取於日治時代的老照片。其中一張照片，應是戶外教學，老師與孩童們或蹲或立於砂石地上，而他們的後方即是川端橋，橋上還有現代化街燈。

她說，有次施作壁畫時，里民走進來，談到里長之後可能會認養花圃，到時此處將種花植草。所以畫作的亦側重地緣，而畫面上的花正好與花圃相互呼應。

如果，山石的那端為日治時代，花朵與樓房這端便是當代古亭。「城南保留了日治時代的建築和氛圍，我畫的橋有連結時代的象徵意義，並且因應場地，讓花和環境結合。」

「這幅畫以風景為重，可能少了城南文學、文人的明確對應，但讓詮釋變得更加開放。」蘇映綾啜了一口茶，補充自己的創作意圖。

找回畫圖感覺

過往以室內為主的創作經驗，就室內壁畫來說，蘇映綾慣以毛筆繪圖，彰顯細膩筆觸，而觀者可以近距離欣賞作品，唯畫面必須憑靠投影機才能顯影。相形之下，初次的戶外壁畫，畫圖的機動性變高。不過，蘇映綾留意到作品在戶外，一方面觀者多半為行人，他們僅是經過時看一眼，所以繪圖方式以遠處能看到為考量；另一方面，作品可能會遭遇風吹雨淋，所以她將工具改為大隻油漆刷，並選用油漆，除了不受雨水影響，油漆的顏色效果較鮮亮，易吸引路人目光。她以油畫繪圖，所有物件皆以三個顏色表呈亮面暗面，一層一層堆疊

色彩，構造物品。

　　實際操作上，蘇映綾覺得室外壁畫難以精準估量物件比例，只能「取大方向氛圍的營造，去畫比較大筆觸的東西」，輾轉導致花和船的比例偏大，與原來草圖有些不同。雖是如此，更多時刻，她「完全依照當時的心境變化草圖。有時一天畫一朵花，花會隨心情有不一樣的展現。」

　　藉由此次壁畫創作，蘇映綾深深感受：「越來越常使用電腦，透過滑鼠、電腦程式作畫，那是不斷修改、調整、變動的過程，和實際畫圖是有距離、有隔閡的。但戶外壁畫是一次性，且必須身體力行，所以畫與身體、當下的直接連結變大。這讓我找回畫畫的感覺，好像回到大學時代，很療癒。」

　　原來畫畫也是一種記憶。

　　而記憶川端橋，或許能透過壁畫喚起。

（本文作者為政治大學中文系博士生）

受訪藝術家 / 蘇映綾

　　東海大學西畫組畢業。相信藝術人文能改善社會價值，以圖像代替語言，反覆辯證多變性的本質；冷漠的商業模式可以感性去溫柔連結，打開人與人之間更多的溝通方式。近期展覽及創作經歷：「2015福爾摩沙藝術博覽會」展場視覺統籌、「2014高雄藝術博覽會」展場視覺統籌、《盛艷紅塵——柳依蘭畫冊》美術編輯（2013）等。

畫一棵文學的大樹──
小黃間的童趣與社區關懷

文／張琬琳

　　在城南金門街24巷和34巷的交叉口，有一間黃色小屋，原是師範大學的
工友宿舍，屋裡曾住著一位年邁的老先生，後來老先生離開了，師大於是將空
間轉化為讓藝術家進駐創作的工坊，如今成為藝術育成基地。插畫家林家維
（小黃間），要用他饒富童趣的創作風格，以飽和繽紛的色彩，畫在黃色小屋
的外牆上。

　　「小黃間」是插畫家的暱稱，而這一次很湊巧的，畫家小黃間要繪製的
壁畫，就在這黃色小房間的外牆上。「小黃間畫小房間」、「小黃間畫小黃
間」，唸起來有一些饒舌，也頗富創意，小黃間說，這畫就是要這麼帶著點創
新的趣味！

　　數年前，林家維為了專心作畫，辭掉了穩定的工作，他為自己取了「小黃
間」的名字，要在屬於自己的黃色小房間裡，專注創作，他要畫出更多讓大小

朋友都喜愛的插畫作品。而這一次的任務，對插畫家小黃間而言，是一次全新的考驗，他要將插畫中的童趣，畫進城南，成為一方讓大人和小孩都感到溫暖開心的童話之牆。

　　「在有限的生命裡，種一棵無限的文學樹」，作家隱地在城南經營爾雅書房的理念，啟發了小黃間的創作。他運用鮮豔的色彩，在兩面畫牆上，分別畫出左側文學從創作到出版後，在讀者心田裡播種發芽，以及右側為樹芽慢慢茁壯成長，成為文學大樹的壁畫。

　　小黃間的畫裡，經常會出現幾個可愛角色：笨笨的大熊、栗子頭男孩，和粉紅長髮的女孩，這也使小黃間的創作，具有明顯的個人色彩，一眼就感受得到畫家的內心世界，「像是在畫我自己，希望給讀者的感覺，就是圓圓潤潤、溫暖舒服的安全感。」小黃間就像畫中的大熊一樣，有著壯碩渾潤的體魄，和樂觀開朗的個性。而這一次的壁畫，他也畫了一隻綠色的大熊，要用大熊的身軀，挺住一棵正在努力生長的「文學的大樹」。至於畫面中另一個主角，則是在一旁閱讀的栗子男孩，男孩被書本和活字印刷版圍繞著，穿梭其間的綠色書蟲，也睜大雙眼在看書，畫面逗趣的可愛模樣，吸引往來路過者的目光。

　　壁畫斜對著河堤國小附幼的校園，因此不時有大人帶著小孩，經過這安靜的巷角。小黃間在創作壁畫時，每天牆面上會冒出一些新鮮的角色，居民

每經過一次，畫面就多出一點點東西，於是這裡的家長和孩子們，開始猜測了起來，這次又會是什麼可愛的動物呢？「我畫大熊時，一開始先畫圓圓的頭，和兩隻耳朵，於是居民就猜是隻青蛙！」小黃間邊揮汗畫著壁畫，邊豎起了耳朵，悄悄聽大人和孩子們的有趣對話。但他假裝沒聽見，他要給孩子一個驚喜。兩天後，隨著畫面的進展，小黃間要一天一天揭開謎底，慢慢打開孩子的想像世界，讓孩子看見不一樣的文學天堂！

「用孩子的心，看大人的世界」，是小黃間擅長繪作的童趣作品，他的作品洋溢著溫柔的保護感，他要用最紓緩方式，來表達愛，以及對社會的關懷。對小黃間而言，繪畫的力量，是深藏於寬厚與包容之中，因此在面對社會公民的種種議題上，小黃間選擇一開始不直接衝撞議題的核心，而是透過溫馨可愛的畫面，吸引人們的目光，再讓觀賞者進一步發現畫中所要表達的意涵，像是他擅長以可愛的大熊角色，畫出反核、關懷弱勢、關心兒少福利的系列畫作，引人注目省思。

從插畫到壁畫，小黃間從自己的房間，走出到城南，在烈陽中進行創作，經常他揮汗如雨，但創作本身，即是讓他充滿熱情和感動。有一次作畫時，他突然被拍了拍肩膀，一位騎著摩托車的阿伯，拿著兩瓶維大力汽水，塞到他的手上，說：「少年仔，天氣很熱，休息一下，喝完飲料再畫吧！」

彩繪過程

　　「這正是在社區作畫有趣的地方！因為不是我自己在畫，而是居民也參與我繪畫的過程。」小黃間說，戶外的創作，也會因為不同的環境特色，而讓創作有了不同的改變，例如原本要畫文學大樹的牆面底部，小黃間很驚訝發現，牆角居然有一棵緊捱著屋子的小樹，樹根偎著牆腳，以強韌的生命力，奮力往上成長著。因此小黃間保留了它，並將它融合進畫面，成為文學大樹的根柢，讓文學的大樹，始於生生不息、堅韌不拔的小樹苗。

　　此外，小黃間也運用牆上的排水管，順勢畫了藍色的水流，像是灌溉著文學樹般，涓滴不止。畫作大樹時，他用長長的梯子來作畫，一筆一畫，讓大樹一天一天長大。至於梯子搆不到的另一面，小黃間則是爬上了屋簷，在屋簷上作畫。「像是園丁栽培一棵樹一樣，看小樹慢慢長大，長到了一定的程度，就爬上樹梢，繼續呵護它。」

　　城南的居民，就像小黃間的畫作一樣，溫暖而友善。他們經過時，常不忘停下來欣賞，有時還會品評一番，小黃間說，「他們在觀察我在做什麼時，其實我也在觀察他們的反應」，而居民一句「謝謝你，把社區畫得這麼美」，讓小黃間內心洋溢著幸福的感動。在往來互動中，他感受到繪畫所予人深層的意義：他用溫馨的繪畫療癒觀賞者，而自己也接受到了觀眾的鼓勵。這世界是不斷需要被幸福滋潤、也需要不斷被感動鼓舞的。小黃間說，「突然有一點理解，很想要趕快在烈日下畫完它，但又不想這麼快就畫完的意義了」。

（本文作者為台灣大學台文所博士候選人）

受訪藝術家 / 小黃間

　　本名林家維。是插畫家，也是獨立樂團的口風琴手。擅長以電腦繪圖、壓克力油彩等技法，展現大面積的扁平化體感風格，並以藍綠、萌黃、朱紅為其標誌色彩。用插畫的巧思陪伴大人及小孩，希望大家能永保童年目光，探索愛的溫暖及相處之道。近期展覽及創作經歷有：「第一步」潮穀互動藝術展聯展（紅頂穀創，2015）、「圓」小黃間創作個展（瑪可緹，2014）、「歡迎光臨小黃間」（勤美誠品，2013）等。

轉角，文學領航——
Domy的水與鯨

文／張琬琳

　　生活中極度浪漫，但看待自己的創作卻極度偏執的Domy（劉銘軒），可以為了達成心目中想要完成的作品，而以修行般的堅韌，用極細密而微小的筆觸，一點一點、一畫一畫，高密度又極其耐煩地點畫，直到作品讓自己滿意為止。

　　「如果一直達不到我要的成果，我就會毀掉作品。」Domy悠悠地說。

　　「還有一些葉子的質感，可以再畫得更好，所以我還會再去畫......」而這一次讓他暫時停止反覆對作品偏執的，是一場即將過境的颱風。於是他連夜在颱風來臨的前夕，完成了這幅〈轉角，文學領航〉。

　　畫面的主角，是一隻喊著書籍的長肢領航鯨，象徵城南的文學，如同領航者般，引領讀者航向廣闊的海洋。從陸地微拂向海岸的風，吹動了河岸邊的芒花，畫面右側的鐵軌，是老城南人的時空記憶，綿延於汀州路上的萬新鐵路，

長長延伸向無限的平疇。回憶再推進至畫面的左側，則是新店溪的水岸生態，戴著水草桂冠的領航鯨，正引領讀者們的文學夢想，緩緩游進載滿書的水草，往海的方向航行。

　　Domy用簡單的白色，搭配明亮的黃點，以細緻的線條，勾勒出鯨魚流線的形體，伴隨著從陸地漂浮向河岸的芙蓉，和亮著豔黃粼光的背景，將畫面點綴得溶溶漾漾，讓一本本展開的書籍，在密緻的芒花和水草上舒展，飄搖著浪吟般的詩篇。

　　細緻觀察水生世界、繪作海洋和鯨豚，是Domy最致力的核心創作。經常登山、游泳的他，從小喜愛接觸大自然，因此對山海有著深刻的依戀。他重視生態永續，也關注環境的議題，因此在他的畫裡，經常能見到隱喻著海洋與環境意識的鯨魚，他試圖透過鯨豚的意象，吸引人們的注目，讓觀賞者進一步察覺到畫中所要表達的環境意識。

　　「創作不應只是創作，而是要讓觀賞者讀出什麼。」Domy以鯨豚意象，象徵生態與自然的守護者，而那彷如行吟於水域般的平衡畫面，則要表達人與自然的和諧相處。

　　重視與環境平衡對話的創作概念，也同時表現在Domy作畫時的態度上。他喜歡選擇人跡罕至、原始自然的角落來進行創作，讓作品隱於社區裡最不顯

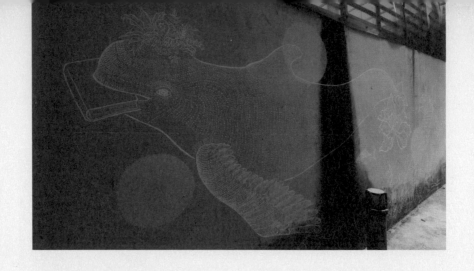

眼的轉角或陰暗處。因為他試圖透過壁畫的創作，一方面保留住環境原來的本質，但另一方面又透過居民的環境行為，讓作品周遭產生些微的改變。

繪作於城南巷弄間轉角處的〈轉角，文學領航〉，原本在進行創作前，老舊的牆面上還黏貼著廣告單在撕除後，一片片難以刮除的泡綿膠痕，而壁角龜裂處大片發霉的水漬上，也掛著綠絨絨的青苔。Domy選擇不刻意處理過牆面，而是將牆上所有偶然的渣滓，都成為創作的一部分，他不用大色塊塗抹牆面，而是以稀釋過的白色水泥漆，用點和線的方式進行描繪，並依照牆面原有的特色，讓作品與環境共存。

「我喜歡尋找祕境來創作，因為這裡生態豐富，有青苔和粉塵，可以讓畫面『有機的』存在。」

於是，青苔、霉漬、殘膠，都成了畫作的一部分，而日積月累之後，或許壁畫可能被青苔染綠了，或被水漬暈了，但對Domy而言，這代表作品被環境賦予新層次的詮釋，所展現的共生共融、平衡自然的存在。

對畫家而言，牆面改變的過程，也是作品進行自我創造的過程，如此作品本身永遠不會被完成，它會不斷成長，不斷改變，不斷和這面牆、和這個街巷間的角落進行對話。也因此，城南的居民，會因為畫作的成長，而有了不一樣的環境行為。像是居民發現轉角多了一幅壁畫後，不會再隨意張貼廣告單，或

隨意棄置垃圾、丟擲菸蒂，甚至開始駐足欣賞，或伸手觸摸，漸漸居民開始主動打掃，或協力維護牆面整潔。

透過水與鯨的意象，讓轉角的街巷，呈現藝術與生活的平衡共存。Domy的〈轉角，文學領航〉，傳達的不僅是文學的起擘，還有更多對於自然生態的省思。透過壁畫，Domy希望能為這如水漾般的城市，好好記憶下城南未過度粉飾的生活風貌，以及那些簡單而樸實的文學舊事。

（本文作者為台灣大學台文所博士候選人）

受訪藝術家 / Domy Liu

本名劉銘軒。1988年生，擅長視覺藝術、複合媒材、環境藝術類型創作。近期展覽及創作經歷有：台南市新南國民小學公共藝術案繪本製作、URS27M療癒實驗室壁畫繪製、「點解偏執，劉銘軒個展」（2015）等，並曾擔任台北當代藝術館「街大歡囍——當代×街區藝術節」壁畫藝術家、中壢馬祖新村眷村文創基地駐村藝術家（植物視界Domy × Mozz）等。

像旅行一樣繪畫——
michun與〈翻閱作家的小屋〉

文 / 張琬琳

「現在不旅行的時候，也像旅行一樣過生活。」

喜歡漫步、旅行的畫家michun（葉依柔），出生在台北，從小在雲林長大。在一路求學和創作的過程中，她有時生活於喧囂繁華的城市，而有時則歸返於鄉間蟄居，對她而言，畫畫是一種習慣，一種生活，所以在哪裡揮灑創作，都可以。

她經常喜歡騎著車，迎著暖暖的風，奔馳在兩旁搖曳著金黃稻穗的公路上，在染紅著雲彩的夕陽下，用敏銳的視覺和靈慧，感受大自然繽紛的色彩，透視著陽光輝映的角度，觀察大地間流動的迷濛。

對michun來說，每一次創作，就像是一趟旅行。

六月底，台北的仲夏。火熱的烈陽，把盆地曬得蒸騰。michun搭車來到城南，紀州庵為她預備了一面搭好鷹架的高牆，而這面牆，就是她的畫布。

　　michun環顧四周，高牆左側是紀州庵新館，右側窄窄的巷子外，即是麕集的民宅。於是她善用陽光灑落於牆面的角度，把近民宅一側的三分之一畫面，畫給一位正在專注閱讀的讀者；而另外三分之二的畫面，則利用視覺延伸的效果，繪出文學作品正在創製的樣貌，彷彿讀者也以閱讀姿態，凝視作家的日常。

　　michun原本的設計草圖，打算用粉嫩的色系，來呈現女性讀者和文學對話的美感效果。然而當她來到了現場，觀察到城南的光線、氛圍，和它在這季節裡的性格，於是決定改採飽和濃密的顏色，來展現文學在城南熱絡的氣息。

　　於是，畫面右側一位專注閱讀的女性讀者，用一雙翻閱著書籍的手，靜靜地、專注地，透過閱讀、透過色彩繁複的花草襯底，連結上每一本書籍背後，那些忙碌的作者和編者們。城南的烈陽，輝映在亮豔的壁畫上，讓畫中的編者與作者更加活絡，正辛勤創製著一本本的書籍，而右側的讀者，正得以靜謐享受和作者心靈交會的時光。透過讀者與書本的視覺折射，畫家彷彿又將文本的想像，穿透進城南周遭的陽光和空氣，構成了循環不息的文學對話。

　　蘊育〈翻閱作家的小屋〉的過程，除了不斷和城南的文學場域對話之外，michun也像是經歷了一場驚奇而華麗的旅程。她在城南觀察到不同的環境，遇到不同的人，最後完成了一幅最具有挑戰性的壁畫。michun說，〈翻閱作

家的小屋〉是她經歷過最特別的一次創作經驗，特別之處在於，這是她畫過最大畫幅、且高度最高的作品。她說，「事實上我有懼高症，會邊畫邊發抖，甚至畫到高處時，都不敢呼吸。」熱情的居民經過，會向michun打招呼，但有時實在畫到太高了，害怕的她只能憋著，不敢跟居民說話。

在michun來台北創作的十幾天裡，空氣中彷彿凝滯著隨時可以聚結降雨的水氣，有時一直下雨，有時則是溽熱到令人汗流不止。她清晨五點開工，畫到了上午八點，因烈日直射而暫歇停工，但到了午後，下了一場大雷雨，只好等待雨後天晴，再從四、五點畫到太陽西沉後收工。儘管一整天下來，能作畫的時間有限，但也因為如此，她的創作更像是一趟旅行，讓她感受城南在不同天氣裡所展現的種種性格，和這裡熱情友善的居民。

「城南的居民很有趣，他們會打開窗戶，跟我對話。」

一開始，居民會問michun：「這麼高、這麼危險，為什麼要在這裡畫呢？」過幾天之後，居民在早上看到她，疼惜地說：「怎麼不下午畫，現在這麼熱？」而到了下午，居民又打開窗，欣賞她的畫，一邊稱讚，還一邊問她：「怎麼不早上畫，現在好熱啊！」

michun嬌小纖細的身影，在巨大的畫布上，迸煥著文字與讀者交會的靈光，一筆一畫，緩步徐行，最後完成了一趟令人讚嘆的旅程！

至於，畫家本身對創作完成的〈翻閱作家的小屋〉，有什麼期待呢？

michun說：「完成它，就是一種成就感了！感到自己有為城南盡到了一些力量。」透過壁畫的創作，michun為老牆賦予了新的意義，讓城南的老房子，保留住一片人文風景。「希望它不要變成高樓大廈，而是下次我到台北時，這裡都還在，或是再過了十年，我還能再去那兒走走！」

（本文作者為台灣大學台文所博士候選人）

受訪藝術家 / michun

本名葉依柔。1983年生於台北，長於雲林。2012年投入插畫創作至今。除平面繪畫設計，也擅長結合立體裝置，運用在櫥窗廣告，合作方式不受限。曾參與「泰達夏日藝術季」限地創作（天津，2015）、「街大歡囍──當代×街區藝術節」限地創作（台北當代藝術館，2015），並於2014年為勤美術館設計插畫櫥窗、為誠品生活進行封面插畫等。

從紀州庵繪本──
一個美好年代的探尋

文 / 周得豪

　　文學，現代人看到「文學」二字，內心反應可能會覺得距離好遠，可能覺得都吃不飽了還跟我談文學，大概可以想見文學出版、閱讀的落寞，就如現今實體書店每年都有數間關門消逝中，曾經的書街也早已不復見。街道風景改變了，舊人離開了，新人進來了，歷史、記憶與過往的生活場景也漸漸由歲月塵封，人與土地間的關係產生了質變，但故事並未就此消失，只是隱藏在我們不再看見的城市角落中。

　　近半世紀前，台北城南是個文風鼎盛的地方，它源自日治時期的都市規劃，因緊鄰著中央政府行政機關、國立台灣大學、國立台北師範大學，所以居住了非常多公務人員、老師、教授與作家等族群，又隨著台北市的都市化發展，吸引了外縣市民眾紛紛移居到台北，依著新店溪畔重新開始了新的生活。因此，也可以在這裡找到許多客家、閩南等族群的聚集，讓城南有了多層次的

《寵物離家記》描繪林良先生在舊書街的場景

生活風景。

　　我們該如何帶著每個世代的孩子來認識這塊土地上曾發生過的故事，過去曾舉辦過「城南轉轉」兒童營活動，帶著孩子們走過水岸、尋找鐵道的遺跡，想像在地圖上探險，最後一起創作出獨特的「聲音詩」文本。除了活動式的規劃之外，還有什麼方式可以讓故事流傳呢？我們選擇了「書」的形式，但文學書或許又太過生硬　那就從繪本開始做起吧！以輕鬆幽默的方式轉化了城南的故事，希望讓孩子們從小就可以探索自己的家鄉，為她留下更多的故事。

《寵物離家記》

　　彷彿是兒童版的《家變》，《家變》是作家王文興以紀州庵古蹟作為場景描繪的小說，是一個父親離家的故事，有點殘酷、有點沉重也有點艱澀。轉化到繪本之後，主角小莉經由尋找寵物的過程，同時也進入了半世紀前的城南街景，看見了林良先生在舊書街的樣貌，取自《月光下織錦》的〈再見，舊書街〉：

　　「他把『整堵牆』的舊書攤交給我跟我的太太，從兩棵掛滿『氣根』的醜榕樹中間跑上馬路，到了對面樓房，爬上樓梯。一會兒，他又從原來的樓梯下來，手裏拿著一本桃紅色的書，穿過馬路，從兩棵掛滿『氣根』的醜榕樹中間

以余光中先生〈月光
曲〉描述的場景，結合
小紅帽與大野狼現身的
趣味

跑回書攤來。」（台北：麥田·1997）

　　也走過跟余光中先生一樣的鐵道，取自《記憶像鐵軌一樣長》：

　　「…在臺北，三十年來我一直以廈門街為家。現在的汀州路二十年前是一
條窄軌鐵路，小火車可通新店。當時年少，我曾在夜裏踏著軌旁的碎石，鞋聲
軋軋地走回家去，有時所幸走在鐵軌上，把枕木踩成一平放的長梯。」

（台北：洪範·2006）

　　還發現了徐鍾珮描繪過的川端橋（現中正橋），如《徐鍾珮自選集》中的
〈發現了川端橋〉：

　　「那天正當傍晚，我忽然一看擋在路前的那條隆起的水源路。我想我永不
會忘記我對川端橋的第一眼！太陽正落在橋的那邊，血紅金黃，橋邊一片平陽
土地，河水清澈，有幾個穿著花裙的女孩子跪著在洗滌衣服，橋邊一輛牛車，
緩緩而行。」（台北：黎明文化·1981）

　　另外，余光中的〈月光曲〉、覃子豪的〈川端橋〉和房慧真《小塵埃》中
的〈百花深處〉，這些篇章所描繪的城南風景，都轉化為圖像故事中的場景，
其他還有爾雅出版社的隱地先生與洪範書店的葉步榮先生，也出現在小莉詢問

《阿墨的故事屋》以紀
州庵歷史變遷作為故事
基礎

的對象中。透過這樣的方式，可以發現其實這些都跟我們的生活緊密連結，文
人藉由情感與觀察將之書寫下來，就成為了大家耳熟能詳的文學作品。

《阿墨的故事屋》

從一個熱心、好奇與敏感的小鼴鼠－阿墨的視角，來觀看紀州庵白日治時
期、戰後、古蹟保存與成為文學森林的百年歷程，除了有地上世界的變化，也
有地底世界的樣貌，創造了奇幻與真實之間的交錯。

《阿墨的故事屋》有點像英國小說家－瑪麗．諾頓（Mary Norton）於
1952年完成的奇幻小說《地板下的小矮人》，或是大家較為熟知的吉卜力工
作室，2010年曾改編為動畫電影的《借物少女艾莉緹》，都是在說一個「借
物」的故事。但《阿墨的故事屋》中，除了「借物」的元素外，更多了時代變
遷下的景觀變化，它的變化也改變了「家」的樣貌。

地底世界的一年四季變化，地上世界卻有著百年的興衰過程。透過鼴鼠的
生活需要，發現各時期地上世界的人們，都在看一個四四方方的東西，好奇的
鼴鼠開始與地上世界的人有了交往。從鼴鼠阿墨的學習過程，出現了人類孩子
的陪伴，也有一起聆聽故事的時光，最後人類孩子一起製作了「小本書」投入
連結地底世界的信箱，讓鼴鼠阿墨有了自己的故事屋，也跟其他鼴鼠朋友們分

享書的故事。最後，我們都希望能夠傳達讓大家都成為「書的傳播者」的理念。

從《寵物離家記》中，可以回想在七〇年代的台灣，生活可能是艱苦的，又怎麼是美好年代呢？也許它是個人與人關係緊密的時代，也許生活有點辛苦但卻很滿足，也許少了資訊媒體的疲勞轟炸，卻讓人有更多單純與初心的美好。《阿墨的故事屋》中，則表述了一段人類與動物的奇幻交往情誼，它是一個尊重彼此的過程，也是一個讓不同生命歷程自然共存的世界。

城南與紀州庵的繪本故事，在這裡並非要大家都自溺於緬懷過往，二十一世紀的時代不斷有新的故事發生，但若我們能夠立足在這些累積豐厚的文化、歷史基礎之上，也能夠對萬物有著尊敬共存的體會，以此在孩子心中種下一顆良善的種子，當孩子成長後也能繼續往更好的環境邁進，那也許會讓我們的故事帶來更多的能量與豐富。

城南故事繪本，不只是讀，更希望我們一起去尋找這些文學場景與環境變化，看看現在，想想過去，那我們希望的生活又是什麼樣貌呢？

環境閱讀

　　現代快速生活節奏的社會中，讓大
多人在不同地點間來回移動著，常常我
們容易忽略了每天行走、通勤移動路徑
中的環境變化，或是我們的目光會自動
地選擇了想要看見的東西，它也許是炫
目耀眼的廣告，也或許是個充滿秩序的
內在節奏。

　　而環境閱讀的意義，即是希望我們
能夠慢下腳步、換個姿勢，重新看見隱
藏在建築樣式中的生活紋理或未曾被注
目過的環境，另方面也再次聯繫了物與
物、人與人或物與人的關係。

城南的空間‧人與記憶——
陳建智的「微觀地理模型計畫」

文 / 張琬琳

「空間與地方，是承載作品意義的場域，而我所關注的，即是居住在此的
人、記憶、空間，與行為。」

長期投入地區空間構築設計的陳建智，除了經常於台灣鄉野各地創作，也
積極透過建築藝術駐地創作，參與許多社區、校園的空間營造，以及藝術改造
村落的行動。對他而言，每一次的駐地創作，皆是讓他得以關注圍繞於此地之
人、記憶與行為的機會；而他的駐地創作作品，正展現他如何介入在地的種種
樣貌。

這一次的藝術行動，陳建智帶著他的學生們，從南部來到台北城南，找到
了一處居民生活的角落——擇址於同安街腰的「施洛德花園」，展開師生共同
創作的「微觀地理模型計畫」。

首先，陳建智帶著學生，仔細觀察在地的空間、人與環境的關係。他們花

透過畫架描繪出社區環境的觀察

費了相當長的時間，關注社區人們與空間的互動，並著力思考空間作品的呈現過程中，如何去表述在地人、事、物的種種連結。

「之所以進行『微觀調查』的意義，即是要搜集在地特質，並且讓這些特質，成為進行創作的必然要素。」

陳建智擅長挑戰材質的極限，他以回收再生的永續思維，來挑選構築的物料。於是他從工地廢棄的物品中，找來了板模、木材、金屬板、層板、鋼筋等材料，重新拼裝打造，完成了裝置藝術作品〈繪畫時光屋〉，作品包含一幢可以移動的小木屋，和三台行動畫架。

在小木屋內外，陳建智透過在地歷史和老照片的呈現，展示了城南的古往今昔，讓居民一進入小屋，就能在小小的空間裡，看見城南的時光縮影，彷彿旋入了一處擁有在地共同記憶的時空基地。

此外，利用廢品回收再製的三台行動畫架，提供給前來觀賞的居民，能嘗試去貼近、親手套繪的在地記憶互動創作畫台。透過藝術家所設計的活動，將邀請看過老照片的民眾，重新透過畫框，用自己的方式，去追溯、記憶在地生活的樣貌。藉由地方空間脈絡的閱讀與再創作，讓居民重新觀察在地地景，並在彼此遊走、尋找、映證之間，產生互動和分享，為社區累積更多的人文與時空記憶。

「每一種空間的存在，都有一種建築的模式，讓人們得以在這裡找到自己的定義。」

陳建智的「微觀地理模型計畫」，透過地理人文脈絡的觀賞和理解，讓社區居民了解城南的歷史，也回憶自己居住在城南的種種來處和原因。「在〈繪畫時光屋〉裡，可以藉由老照片的回憶，重新摸索自己，居民不僅可以閱讀、也可以為自己重新詮釋。」透過每一種閱讀、每一個重新詮釋的時光故事，將能為社區累積出許多歷史的遺續。

陳建智的作品，關注居民在時空更迭下，對於在地事物新、舊交織的種種記憶，他試圖透過地景藝術的創作，讓人們認真思索，究竟這裡「消失了什麼？又新生了哪些？」在城南〈繪畫時光屋〉的創作，即是讓居民在今昔對照中，意識到自己在城南人文的脈絡中，一直都是見證在地變遷的重要參與者。

「把人和人的關係，重新揪合一次」，陳建智以空間構築的設計專業，走入社區，他在城南所正在創作的進行式，不僅正在改變這裡的空間結構，還有更重要的意義是，他讓社區的人與人之間有了新的關係，讓人們用另一種記憶歷史的方式，重新看待城南的人文脈絡。

（本文作者為台灣大學台文所博士候選人）

設置在社區公園的作品小屋

受訪藝術家 / 陳建智

　　台南藝術大學建築藝術研究所碩士。擅長使用多媒材、環境藝術裝置進行創作。近期展覽及創作經歷有：家宅星艦計畫（台中市綠圈圈藝術季，2015）、台北兒童藝術節裝置藝術（2014）、嘉義縣達邦國小校園重建落成紀念碑（2013）、〈集光片語〉（寶藏巖燈節展覽，2013）、家宅新建計畫（寶藏巖國際藝術村駐村創作計畫，2013）等。

閱讀生活，翻轉空間——
訪金工藝術家朱淑宛

文／林妏霜

　　即使在溽悶躁動的午後，金工藝術家朱淑宛始終緩悠沉靜地回答提問，宛若她以鋁與青銅等金屬為主要媒材的工藝作品般，在看似堅硬的表面下，卻斂藏著十分纖毫而細瑣的思緒組合。

　　朱淑宛是高雄人，畢業於台南藝術大學應用藝術研究所，之前曾在寶藏巖駐村，開設的工作室也以創作金工、首飾及推廣教學、展覽為主。她習慣將對自然與環境的感知做為創作靈感，在發想的過程中，隨時帶著照相機，一面在街巷散步、拍照，一面觀察、採集能夠用到的材料，對她而言「做作品的過程就像是生活的紀錄」。

　　近年來，朱淑宛以各式各樣的老舊「牆面」為創作背景，一開始她將在路上所遇見的牆面拍攝下來，然後轉印到金屬板上，去塑造她所想像的故事。以往的創作，她會將鋁燒熔，薄灑於地，讓其隨機形成某種形貌，或者將撿拾的

植物翻模成金屬樣貌

樹枝、果實、植物翻鑄成金屬，重新組設成作品。

　　就像那些融熔的鋁，在凝形的過程中，勢必也將地上的某些砂石或碎屑，一同夾帶上來，她覺得那樣的概念就像「把東西從某個地方攜帶到另一個地方」，而「石頭是原本的東西，但被混雜在金屬裡，就像真實與虛假的結合。例如植物已經被翻鑄成金屬，它其實也是一個被替換的東西。」一如我們將生命交付予某樣物事，或與這個世界的匯融，亦都是經由時間慢慢積澱而來。

　　而那些牆面所形成的紋路，就是時間的流布。她選定一道牆面的痕跡，以藝術感官重新詮釋成人形樣相，再將細碎的零件翻模鑄造、重新組合、拼貼成作品，也藉此將那些受盡遺忘，原來無人關注的牆面，創生成一個詩性的空間。

　　朱淑宛認為，每一道牆面都有屬於自己的生命，那些牆面的痕跡或圖形，無論是自然造成，或是人為的破壞與修補，都能藉由所謂的「閱讀」，從中看出它所環擁的故事。

　　這次參與以藝術創作浸潤城南地景計畫，也是她創作生涯中，初次將這些金工作品，直接組設在牆面上。

　　她在訪談中多次提及「翻轉」的理念，她認為「牆是生活裡很常遇到的，因為長青苔或者破損，大家就會覺得很髒，但是如果我們去細看，其實是很美

社區斑駁未整理的巷道牆面

的。而我希望自己創作的東西在牆壁上，不是讓大家去看我做的東西，而是去閱讀自己生活的牆面、閱讀自己生活的環境，以及整體生活的樣子。」

當她過往以牆面為背景創作時，時常有人覺得那些灰階的石頭和植物，編排起來很像山水畫，但她說自己的作品其實都是透過很小的碎片或碎塊去拼組，堆疊成畫面，並非一次就能完成；一一拆解這些組件，單看時甚至會覺得醜怪，但「醜的、被遺忘的、被丟棄的東西，其實有它存在、再重新觀看的價值。」

也因此她藉由這次金屬與牆面的直接造築，構作其翻轉式的空間閱讀。除了順著牆面痕跡為構圖依據，也會運用原來便存在於現場的物事，或許翻模一些更為細小，經過時也很難被發現的鑄物。她非常希望在這個看似無人行走的通道，好像一個被遺忘的空間中，能夠有人注意到，然後稍微停下腳步觀察、細看這個牆面，從而召喚出對閱讀這個空間、這個景觀的想望。

一直以來朱淑宛都會採集路上遇見的植物，她觀察城南這個區域，屋頂上總披掛著某種藤蔓，葉子尖細而薄，雖然不適合做成金屬板，但會與之前累積的，一起成為創作的一部分。動物也是她的創作元素之一，尤其喜歡以狐狸作為隱喻，展示一種等待被接受、被理解的情感。因為牆面紋路形成的視覺意象，就像一幕幕景框，她從中看出不同的場景，讓這些動物與影像有所互動，

或相望，或背離，用以演現內心風景。

　　由於初次施作在牆面，所以她會花比較多的時間思考這些零件組件，固定到牆面的方式，其中也有因居民的疑慮而重新調整，組織新的結構圖，她認為自己在預想的編排上，的確欠缺更慎重的思慮，應該「實際真的進到環境裡，必須要跟實際的人做更多的溝通；回到一個不是創作的角色，而是生活在這邊的人的方式，去思考會不會有不好的疑慮？再看用什麼方式去排除。」

　　她說自己的創作就像是一個沒有範圍也沒有限制的拼圖，「如果說換了一個牆面，也只是再去堆疊那些碎片，加入新的、不一樣的碎片，利用添加或減去的方式，讓形狀或視覺更完整，但它就是一些碎片。」因此那些上牆的位置，就是「一個場景與畫面的布局」，總總都是可以被挪移、更動的，換了一面牆，就只是重新布局與堆疊。它無可圈限，所敞通的是人與物、情感之間的交涉。而牆面是一道路徑，循跡時間，故事於焉成形。

（本文作者為作家）

受訪藝術家 / 朱淑宛

　　寶藏巖國際藝術村駐村藝術家、台南藝術大學應用藝術研究所金工與首飾創作組碩士，擅長複合媒材現地創作。近期展覽及創作經歷：誰變成誰——金屬實物鑄造迷你展（2015）、微聚——當代金工與首飾聯展（2014）、「殘存重組　記事」個展（2013）等。

以聲音為觸媒，發話時空——
訪裝置藝術家蔡宜婷

文／林妏霜

　　七月流火，應付著籠進街巷裡的熱氣，穿遊其中，一面感知城市的季候日常，一面察覺不同的聲音風景，藉由感官的啟動滲透進來，形成片片縷縷的記憶。對藝術家蔡宜婷而言，「想要走入人群，與人發生互動」是她創作的原初動力，而「聲響」的傳遞便是她創作的底芯之一。

　　蔡宜婷是台南人，修習背景是立體雕塑，現在就讀台北藝術大學新媒體藝術學系研究所，因許多藝文活動與展覽都在汀州街、寶藏巖一帶舉行，雖然她是初次走進同安街底，但感覺紀州庵附近的文化氛圍相近於家鄉的種爺藝文中心，對這個區域所攜帶的人情風味並不陌生。

　　這次她所參與的裝置藝術是過往的系列作。原版的作品透過佇立在草地上，橘色與綠色的「管子人」，對往來的觀看者出聲「哈囉，你好嗎？」，企圖透過聲音的播放，表達對世界的招呼與詢問。蔡宜婷說管子人製作的形象

作品「哈囉，你好嗎？」除了問候外，也擷取作家的文字作為發聲

「其實是一個問號，臉孔有點可愛，又有點愁苦的皺眉，像是對這個世界有所疑惑和提問；向人問好，但它對於這個世界其實是不大明白的。」

　　這種場景、物體，與其所發散的聲音或折射出的光線，互相組鍊、重新創生成一部藝術作品，如同她另外的新作，運用三菱鏡的概念，將作品以壓克力施作在水面上，「正面看像三角形，另一面看像四方形；而白光輻射出七彩色，七彩色又融合回白光，在裡面無限的循環、迴圈。」近年她雖將關注的議題轉向時間與空間，探討她所想像的不變與流變，然而都藉由物件將其中所包攝的可能性呈顯出來。

　　因為此次的藝術計畫被邀請進城南這個空間，因此在聲音的放置上，增添了更多的考量，希望能與文學、閱讀相關的事物有更深一層的連結，因此以「聲音」的再創造為發想來源，將作家的朗讀腔口、聲音的轉換再製，做為衍生的文本，置入了一種流動的、敞開的主體樣態。

　　她的管子人以覆著面孔為其表現特徵，就像「卡在管子裡，有點不上不下，探出頭的狀態」，使用金屬與玻璃纖維組構，內部安置感測系統，為了讓聲音能播放順利，需要電路、程式設計等工程的相互配合，也是這次施作較為複雜的項目。

　　這次的創作同樣會有兩個管子人，帶著兩張不同的臉孔，為了讓孩童也能

擁有互動的樂趣，設定的高度約在一百二十公分左右。錯落在紀州庵文學森林的草地上，延續帶著疑問般的外觀形象與創作風格，經由管子發聲，將剪輯、擷取作家談論關於文學，某種積極性、感受性較強的話語，以聲音的投接導向一種閱讀與聆聽的生成。

她認為「管子傳達另一個世界的聲響，之前的版本除了與人問好，平時還會播送生活裡瑣碎的聲音，就像傳達了另一個空間；因為它就是管子，可能我們會靠近管子去聽隔壁的聲音，或另一個時空的聲音。」這次她以作家的隻字片語替代一種詢問式的問候語，透過自己的理解，以聲音打開一個新的時間與空間。

儘管是帶著偶然性、瞬間性的方式，像是孩童般的冒險與嬉遊，然而運用一個被聲音與話語補充的器物，在特定的場所中，與其所交感的人，形成了一條臨時通道，亦解除了阻隔與疆界。而這樣從原生的聲音與話語產生變化的重新演繹，及其背後所攜帶的文本脈絡與文學世界，也同時被路過的人一同經驗了。

宛如作家的聲音從文本中濾析出來，反而被捲入了一種當下的時間經驗，重新在場也被重新記憶。而她希望自己這件開放式互動的作品能夠走進社區，就像聽見一個單純美好的詢問，也希望聽見某個文學作家的隻字片語後，更能讓人感受他們所想要傳達的什麼。

採訪當天蔡宜婷正好從錄音檔裡隨機播放了作家的話語，我聽見王文興的聲音從原本吵雜的空間裡沉靜穿越而來，牽引我們進入了另一個小宇宙，他說：「美好的文學，可以帶你到極樂世界」，或許就像我們的生活被意外投入無盡的問號之中，終獲得的一句應答。（本文作者為作家）

受訪藝術家 / 蔡宜婷

　　生於台南，目前就讀台北藝術大學新媒體藝術學系研究所。從繪畫、雕塑到新媒體，一路追尋藝術的發展學習，並多有結合的嘗試。做為藝術家，期許自己成為社會觀察者，持續發掘時代的解藥。近期展覽及創作經歷有：「光譜原色時代」（新竹市國際地景藝術節，2016）、電影《KANO》電影美術特殊道具組（2013）、「一趟不換氣的50M」（台南拾參藝文空間，2013）等。

移動的閱讀——
阿愷與老木材的新生

文 / 張琬琳

每一種木頭，都有著一段與環境共生共存的關係。

在成為可被人類運用的木材前，木頭會收藏土壤裡最後的餘溫，收攏起對陽光和大地的最後一瞥記憶。對深諳木料的工藝家阿愷（趙文愷）而言，木製品是具有生息的，它不僅只是生活中的物件而已，而是和大自然一樣，可以在規律中循環，重複被賦予新生的意義。

從景觀設計背景跨足木工創作的阿愷，曾多次參加國際藝術設計創作，2007年在法國參與設計工作坊時，接觸到木工設計，而深受吸引。返國後，阿愷從「懷德居」木工學校學習了一身技藝，讓喜愛大自然的他，得以善用自然媒材及回收二手材料，進行木工作品的創作。

被稱為「傢俱醫生」的阿愷，從2012年開始，在城南的唐青古物商行擔任傢俱修復師。在他熟練運用鑿刀和角尺的手作功夫下，總能讓破損老舊的木

製品被重新修復，或有了新的功用與價值。他重視環境的永續，也重視新、舊的平衡共存，因此在他的木工創作中，小型如生活物件、居家傢俱，大則像是自力造屋、社造景觀，都融攝了他所關注的環境、居住、與社會議題。

　　阿愷認為，用新木材量產製品、和手作回收木工創作的差別，在於「看待物質的方式」有所不同。有些人看重的是經濟和便利，而手作回收的概念，則是回歸到人們生活的本身，讓人們學習「回到最原始的態度，去對待這些木頭」，就像是傳統部落或社區，人們會為了需要，而學習運用傳統的技術，去製作給族人生活所需的物品一樣。

　　城南本身的場域特質，使得它在歷史上，即不斷際遇著舊與新的交陳。無論是族群和歷史意識的多元，或是新知識與舊書報的交流，甚至在相鄰不遠的街道，同時也聚集著舊回收店、與新傢俱行的迥異商業模式。

　　近年阿愷在城南創作的作品，即表現了這種「舊木／新生」的環境意識，例如2014年紀州庵古蹟修復前，阿愷將施工單位拆掉的松木圍籬，回收再製成供遊客休憩的桌椅。而這一次「街道傢俱」一系列的創作，阿愷的〈當我們同坐一起〉，即運用了廢棄的床頭板當椅背和椅面，再將紀州庵拆下的圍籬做為椅腳，拼裝完成。

　　當作品放置於社區裡的公共空間「施洛德花園」時，居民原先對這拼裝的

「床頭椅」充滿違和感的好奇，漸漸有居民主動坐了下來，或將椅子拖移至樹蔭下，坐在上面乘涼聊天。透過街道傢俱的創作，阿愷讓原本只能安置於居家的床板，再利用成為擺放於公共空間的長椅，藉由居民主動參與作品的再生行動，讓人與周遭環境產生了新的互動關係。

另一個作品〈留盞燈給閱讀〉，則是將回收再利用的立燈，製作成彷彿路燈的意象，藉由光的引導，讓街巷間的閱讀行為自然發生，將城南原本閒置的公共空間，點綴成為一處可以專注閱讀角落。

運用廢棄的木棧板重新拼裝而成的〈移動推車〉，則是透過「移動」的概念，讓載著書報的推車，可以推進社區裡每一個閒置的閱讀空間，讓社區的街巷，成為旅人可以駐足閱讀的角落。

在紀州庵古蹟外的草坪上，阿愷又創作了一張〈回到溪畔〉的椅子。他挑選一塊如扁舟形狀的木頭當椅面，再用木榫連結四支香椿漂流木條做為椅腳，讓它與隔著堤岸外的新店溪遙遙相望，表現出居民對舊時水岸生活的渴望。藝術家運用木頭的質感，讓居民坐在望向溪水的木椅上，重新喚起老城南人記憶中，在粼粼光波上泛舟的悠閒時光。

阿愷在城南所創作的一系列廢品再生作品，運用從四處撿拾而來的老材料，為社區裡的公共空間，手作出許多新的物件，也為社區裡的角落閱讀，創

造了多種可能。「希望大家願意來使用，多和作品交流、對話，讓它們更加融於這個環境」，阿愷說，對創作者而言，這會是頗有成就感的一件事。

（本文作者為台灣大學台文所博士候選人）

受訪藝術家／趙文楷

畢業自輔仁大學景觀設計學系，曾至法國普瓦提耶大學進修。多次參與都市再生及社區營造，如：〈浮舟〉、〈轉角遇見綠〉、蟾蜍山聚落廣場農耕箱工作坊（2014）、萬華社區微型經濟木箱計畫（2014）、〈行動綠〉設計攪動計畫（2013）。亦曾為台北國際書展（2016）、紀州庵周年慶展（2015）等進行展布，並有傢俱製作、協力造屋、公共藝術等豐富經驗。

對話創作

現代性藝術的社群與溝通，將合作性的經驗本身視為是一種創意實踐的形式。在本次計畫中，透過劇場表演、讀劇朗誦與書信交流，鼓勵打破對自己或環境附加上的刻板印象，同時也跨越了依階級和經濟身分而產生的身分認同，希望透過累積性的交流與對話過程，不僅重新認識自己，也讓身處不同環境下的人們，有個真實且平等地被看待的機會。

往事並不如煙——
「訴說城南‧扮演城南」社區劇場工作坊

文／周得豪

「生命像一張瓦，生活就是一面鏡子，要讓你的往事並不如煙呢，那就要用文字把它紀錄下來。」

——林貴真（作家）

　　台灣社區劇場發展至今已有二〇多年之久，最早是源自於亞洲、非洲與拉丁美洲等第三世界國家的「民眾劇場」（people's theatre），是一種結合民眾歷史與生活經驗所展現出的劇場美學。在台灣，凡是認識或參與過社區總體營造的民眾，對社區劇場一定不陌生，因為社區劇場通常被用來做為一種「方法」，來凝聚團體的意識和公共性的參與。但回到它最初的核心價值，透過劇場的練習來認識自己、認識與社會／環境間的關係，並轉化成具有藝術性的演出／表達，卻不是件容易的事。而紀州庵文學森林在今年上半年的三月至

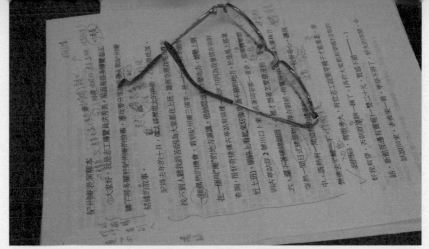

志工第一次參與社區劇場演出，做滿了筆記

六月間，進行了社區劇場工作坊課程，以志工參與為主軸、「城南」區域為基礎、紀州庵歷史為縮影，扮演了　齣特別的「劇場式」導覽，也激盪了許多未來的可能性與刺激。

訴說城南

可能許多人知道紀州庵的故事，但當我們說起「城南」就常會被問到：城南？城南是指從哪裡開始算起叫做城南呢？那跟紀州庵有什麼關係？

有些人可能會想起小時候讀過林海音的《城南舊事》，但此城南非彼城南，林先生描寫的是童年的中國北平城南，倒是撤離到台灣後，林先生也是住在台北的「城南」。或有人會上網搜尋維基百科裡的城南，它畫出了約略的範圍，如早期地名：南門町、龍口町、佐久間町、兒玉町、千歲町、新榮町、古亭町、川端町、馬場町、水道町、富田町等一帶，大約是現在的中正區南部、大安區南部的區域，或是說愛國東／西路以南到新店溪畔的範圍，這是以地理區位／都市規劃的現代概念來區分。

但我們所說的「城南」，則是從歷史脈絡的角度來思考，自日治時期規劃的文教區與休憩場所，到國民政府來台規劃的官舍住宅與文學聚落的成型，至今凝聚出的大南海博物館群、紀州庵鄰近聚集的作家與出版社群和台大與師大

匯聚的書店與文青的青春氛圍，都讓「城南」多了豐富人文意涵與古今故事的交錯映照。

扮演城南

　　社區劇場工作坊的想像，是希望紀州庵的導覽志工能夠從城南與紀州庵的角度發展導覽之外，增加更多與社區生活、生命有關的故事，加上人文與文學的養分，讓導覽更有厚度與層次。因此邀集了差事劇團的鍾喬、專業者都市改革組織的張耕維與知名演員王玥，規劃工作坊的三階段課程：肢體表達、空間／社區地圖、文本書寫。

　　若只是照著社區劇場的三步驟完成工作坊，是也不足為奇也。困難之處在於源自第三世界國家的民眾劇場的台式社區劇場，如何將對象自受壓迫者的民眾轉換為台灣社會脈絡下的一般大眾。而紀州庵志工又相較屬公教退休、教育程度較高的知識分子為主，並且紀州庵古蹟的保存也歷經了社區公民意識的覺醒，那志工們既不屬弱勢者，更具有探討公共議題的意識，這樣的社區劇場實踐是該如何發聲與轉變呢？

　　在前八週的課程中，我們各自思索著這個問題，還找不到一個適宜的路徑。直到王玥在課程上介紹了一位生力軍，來自純女子的搞笑團體「Comedy Girls 好好笑女孩」的團長：黃小胖，擔任後續四週課程的講師，這讓我們頓

志工：何麗文
六〇-七〇年前，這裡每天都有藝妓的
表演，回想一段異國的文化根基。

志工：黃如誼
紀州庵的故事，是許
多文人作家一篇篇寫
下來的。只要妳也慢
慢地寫、輕輕地塗
抹，有一天也會完成
屬於妳的文學。

志工：李麗珍
在人樹下憶起童年往事，假如
我是男孩子，那該有多棒~

志工：陳夢蕉
紀州庵現只剩下
一棟離屋，假如
本館還在，那會
是什麼樣貌呢？

志工：洪秀美
遇到人生的波
折，找到一處
靜心、療癒的
地方，就在紀
州庵。

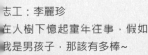

工：陳麗瑞
州庵與旁邊圍繞
豪宅，有著現代
段愛恨糾結的故
。

志工：林式修
只要講到紀州庵的新
舊建築，式修大哥就
充滿了驕傲，眼神發
光。

志工：林艷紅
喜歡自然觀察，發
現了紀州庵鳥巢雙
子星大廈。

志工：楊旭
從前我們離水岸很近，現在則被高
大的河堤阻擋住，但紀州庵有個跨
越時空的魔法，讓每個人都可以看
到新店溪。

繪圖／林欣誼

時了解到不同領域、角度的觀點與刺激。

「劇場式」導覽

　　過去我們接收的教育方式，大多沒有教過我們如何說話，或表達出自己的意見與情感，即使我們很會考試、很會背誦、事業有成，但在情感上是壓抑的，行為是慣於被規範的。而紀州庵早已有了自己的故事，只要將這段故事記誦下，人人都可以是導覽員。所以我們要強調的是，每個人都有一段與紀州庵關係的故事，為何來到這裡？為何擔任導覽員？紀州庵故事中對哪個部分最有感覺？即使同樣問題在前八週都被問過，但我們還是要再問，直到那最真實、最真心的意念浮顯出來。

　　只要很真心說出妳的故事，別人都可以感受得到。所以紀州庵不再只是歷史場景的紀州庵，它被保存下來，讓我們在此相遇並一起述說彼此的故事。這齣演出沒有劇本，每個地方都是舞台，環繞出劇場式的氛圍，然後歡迎各位來到紀州庵聽不同的故事。

　　來自香港的實習生在體驗完這場導覽後，說了一句簡單卻深刻的感想：「原來這裡不是塞滿文字的博物館，而是用心感受的地方。」紀州庵的故事還在持續，來聽聽我們的故事吧。

穿越時空紀州庵——
故事，不只有一個角度

文 / 黃小胖

六年前，我開始講脫口秀。當時的我只是為了求表演的舞台，卻不知道冥冥之中已被上天揀選進入我的天職—脫口秀，一份充滿奇思怪想、激勵人心、自我認同與表達藝術的職業。

四年前，我住在紀州庵旁邊的小套房，走同安街回家時，只要過汀州路就要特別小心，因為人煙稀少，路燈昏暗，尤其經過紀州庵的小森林總是提心吊膽。當時對紀州庵的印象就是「茶館的麵包好好吃」。看著古蹟從修復到辦活動，對於一位在地生活的鄰居而言，只覺得人潮變多，回家的路上似乎安全許多，路燈也明亮許多。沒想到，後來跟紀州庵的緣分如此深，幾乎每周有一至兩天要開會、上課或辦活動，導致自己都常笑說，我往紀州庵走就好像走後灶，只是少了當年記憶中的麵包味道。

前陣子在紀州庵舉辦的系列課程「脫口秀出你的個人魅力」又有一批學生

成果發表，看著他們上台時的緊張，讓我回想起我的第一次即席演講。當年的我就愛上台，可是機會總輪不到我，因為老師偏好指派班上前三名參加各式比賽，而我也不好意思太積極主動爭取。直到國三某次期末考，早自習時刻又有來自教育部指定的即席演講比賽，前三名都想要備考，於是我等到了機會。偏偏當時是重要的期末考呀！沒有經驗的我覺得無奈又委屈，抽出的講稿是〈認清你的路〉。當下我憑著一股氣勢，在台上侃侃而談遭受的不平等對待。

「現在站在這邊的人，可能是被逼的」

以這句當作開場白，立即敲醒早自習時刻所有人的注意力。一分半後發洩完，獲得空前的掌聲，即便因為時間不足而未得名次，也獲得評審老師的特別點評。那是我第一次舞台上「說話」的經驗。我想說的話超越了我緊張的範疇，我在舞台上的成就感滿足了整個青春生涯。那時我十五歲，我想要成為一名演員。

自小性格上，雖然活潑但不愛現，情緒豐沛卻也理性低調，父母親認為我只是三分鐘熱度，於是要求考取一般大學。大學生涯中自學表演，隨著名劇團南征北討，畢業後苦於機會與自信不足，轉往造型界發展。如此這般，離舞台越發遙遠，一回首，已經二十八歲。鬱悶的我，選擇二十八歲開始為自己的夢想負責。此刻脫口秀的徵選資訊映入眼簾，不須科班畢業，不須年輕貌美，只

舞台上光鮮的背後，是經過無數次挫折再站起的歷練

需要沒有包袱的逗笑眾人。當時的我想著，為了成為一名演員，早有犧牲一切的心理準備。個人形象？包袱？哼！這是最不需要煩惱的事，於是就加入了脫口秀的培訓班。

孰不知，脫口秀不只是逗笑而已。

「一個人拿著一支麥克風，講述自己的觀點，引發眾人的笑意」

短短一句話拆解下來，就是表演加自我身心靈認同加演講加表達藝術加群眾心理學的課程。我整整撞牆二年，在舞台上看著觀眾想要笑我卻找不到笑點。每一次上台後，都想找人把自己埋起來，回家痛哭到隔天熱敷冷敷敷雞蛋才能順利上妝。一直到三〇歲，在台上笑稱自己是「老妹」，才開啟爆棚笑浪。

那是一個值得細細回味的自我追尋。原來，這麼簡單。我處心積慮的扮醜「搞」笑，都不及一個顯而易見的事實。原來，觀眾看到的「黃小胖」，跟自己以為的「黃小胖」是不同的人。原來，在觀眾面前，表演自在度是無所遁形的。我開始發現比美比不過林志玲，比醜也比不過林志玲扮醜，做一些自己也不舒服的「搞」笑，觀眾也不舒服。我需要先對自己感到舒服，用自己覺得沒什麼的點，來讓觀眾覺得有什麼的自嘲，是幽默的高招。但是當然，真要比老我也比不過志玲姊姊嘛！

畢竟，舞台上只有一個人表演，代表的即是「個人魅力」。而個人魅力的展現絕非依靠完美，顯而易見的缺點才是讓人印象深刻的特點。這跟正常邏輯太不相同，教育教我們要零失敗，於是每個人即便做不到100分也會努力讓自己的缺點不被發現，於是，每個人都很平凡。想像全班都考90到100分之間，可是我的分數是87分，班上唯一一個87分。大家會想知道為什麼是87分，老師會喊「那個87的站起來。」，我就變成全班最突出最好笑的人。

理性如我開始分析、統整、歸納所有成功的笑浪經驗，發現另一個致命的缺點—觀點。我們知道這個名詞「觀點」，但我們不鼓勵有個人意見。為了加入社會，我們學習去個性化，努力讓自己的意識與社會同步。於是沒有發現「一個跟社會過於同步的腦袋，會少了讓觀眾願意在台下聆聽的動力」。這才驚覺學習說出自己的想法，學習說出跟別人不同的意見，學習與眾不同，竟是這麼需要克服的障礙。當我們看著國外的月亮比較圓時，卻不去思考國外的月亮從小就鼓勵說話表達自我。來自美式文化的脫口秀，就是一堆勇敢表達自我意見的佼佼者中，最具幽默觀點的人。

2013年，三O歲，挑戰大型脫口秀的舞台—紅樓，大喊「把話說出來」，那一刻，奠定了我想說話的勇氣，奠定了我帶領學生追尋自我的開始，奠定了我「懂」脫口秀的價值，奠定了我走向鼓勵表達個人意見的路。

要如何知道自己真實的學會一件事呢？教學。那便是我與紀州庵結緣的開始。2013年，我開始帶領「好好笑女孩」，全台唯一用幽默角度說出女生心聲的喜劇團體。2015年邀請王玡加入好好笑女孩做脫口秀演出。王玡身為金鐘影后，又是舞台劇重量級演員，自然得要為她特別精心準備脫口秀課程。這課程精心到她老是要我做特別的服務，尤其是老師我要求影后前輩王玡交功課（交段子）時，玡姐就會要求既是老師又是後輩的我倒水、烤餅乾，去遠一點的地方買食物。這就為了拖延一些被修整段子的時間。這修整段子的血汗歷程，真是每個脫口秀演員的必經痛苦，但修整學生段子前需要倒水備食倒是這種獨特師生間的幽默默契。

玡姐的私底下是熱力四射、無比認真（也會耍賴）、霸氣又撒嬌的，對於

教育、文化充滿抱負與想法並默默付出；對於提攜後進不遺餘力；對於脫離舒適圈執行力超強，心胸也寬闊，在她明白脫口秀的道理後，覺得有鼓勵推薦之必要，以一種提攜後輩的心態，邀請我幫她代課。當時紀州庵的導覽志工們需要口語表達的課程，我就這樣代課帶出了口碑。紀州庵邀請我做一系列完整的課程。「脫口秀出你的幽默」就這樣誕生，強調培養社會大眾個人魅力、觀點與幽默感、加上我本身從挫折中學習到的情感表達與自我認同，啟蒙課程因此誕生。當時玥姐一句「借力使力」，發功推著我，讓我看到理想與使命，也讓我看到願景與潛能。

初期課程，來上課的同學都是因為導覽志工課程傳出口碑的長輩，借用一位「學生」的話：「我過的橋都比你們走的路還多。」當然，他住在橋旁，自然過的橋多。但一群學生圍坐下來，我竟是最年輕的「嫩妹」，這壓力自然不同小覷。壓力不是來自於我對於脫口秀的專業程度，壓力是來自於需要啟蒙長輩們的「情感教育」。

為什麼幽默跟情感教育相關？因為幽默是一種「感覺」！感覺要先被觸碰、被啟發、被支持，大家才會更願意接受更難被說明的「幽默感」。於是長輩們跟我建立了深厚的情感，甚至每堂上課都進行束脩吃到飽的餵食計畫─「一周餵養一次，劇場演員不餓死」，而且他們會好康道相報，攜家帶眷來上

「脫口秀出你的幽默」課程，成果發表

課。曾經有姊妹檔的互相八卦，夫妻檔的相互吐槽，還有父子檔不知道該不該啟齒的黃色笑話，更別說麻吉一起來是因為「上課」是能見到已婚有孩子的死黨，唯一一個正大光明的理由。

除了教學，身為劇團團長的我也開始被委以重任。在紀州庵主辦的「地景藝術行動」，有一連串藝術家與社區合作的計畫，藝術與空間的巧妙結合當然是賞心悅目，但是充滿奇思怪想的我，自然希望打破時間、空間、觀眾與藝術家的概念，創作不屬於線性故事的戲劇，於是誕生了〈昨日是水，今日是城〉這齣環境劇。

構想來自「文學森林」這四個字。讀者在古蹟的長廊或是榻榻米上隨手翻閱了一本書，風吹起他的注意力，而他遙望遠方，開始想像故事情節是如何的在古蹟發生。可能不是按照作者所想像，而是自己發想的、不合情理的故事，在讀者心中發酵，於是他發笑了。創意，來自每個人在心中幻想的畫面，有時還沒來得及被記錄或分享，有時就這樣一閃而過。但舉凡有被寫下來字字句酌的，就是文學。

於是演員們針對古蹟的角落開始進行想像，而所有想像的畫面都由另一對演員扮演。觀眾則因為故事情節發生在不同角落而得要移動。在廣場上看二樓與一樓的羅密歐與茱麗葉音樂劇排戲，在大廣間長廊間看榕樹下的瓊瑤戀愛。

「昨日是水‧今日是城」環境劇演出

在古蹟各處看演員在草原上扮演諾曼第大登陸。每段各自獨立，劇情支離破碎，實際上卻在最後，三位演員聚集在大廣間翻著書，看著遠方時，觀眾被觸動著。

「你有多久，沒有發揮想像力了呢？」

「你有多久，沒有隨著故事情節，讓自己的腦袋翱翔了呢？」

這就是我們想說的話；藉由戲劇的形式；藉由沒有座席，觀眾得要主動去搜尋演員身影的形式；藉由觀眾以自己的手機錄製影片，來達到互動且角度各不相同的形式；來說一個故事，不只有一個角度。

我想，這是紀州庵文學森林為什麼允許我這個「脫口秀演員」在這邊開班授課的原因。因為不管是文學或是脫口秀，只是以不同的形式鼓勵思考、創意與表達。我可以帶來以說話為主的表演，也可以帶來以畫面來刺激想像力的戲劇，還可以帶來跟科技結合的故事。那就是數位行動計畫中，用虛擬實境（VR）裝備，帶觀眾回到紀州庵料理亭的點子。

用自己的手機結合裝置，就可以看到360度拍攝的環境，只是影片要拍什麼呢？當計畫負責人跟我說明的時候，我心裡想，這真的是非我不可了。完全不謙虛的原因是，帶領志工導覽的課程讓我對紀州庵故事頗有了解，身為鄰居的我，對於紀州庵環境又非常熟悉，加上擁有拍片實務經驗，可以得知拍片現場所需要的流程，以及劇場實務經驗，讓我可以編排演員一刀未剪的內容。

紀州庵VR影片拍攝現場

　　只是，還有個大難關。料理亭的歷史背景代表是充滿著日本人的時期，要從哪裡找來這麼多日本人呢？紀州庵志工們各處詢問，師大日文系、交換學生也被我們探訪。和服如此繁瑣，藝妓要如何裝扮呢？紀州庵日本舞老師們也義氣相挺。如果不是這些年，紀州庵所累積的人脈資源，我想，這支影片應該還是徒留於科技的絢麗，而非充滿人文的故事。

　　〈穿越時空紀州庵〉這支影片，描述帶上裝備的觀眾，穿梭回到紀州庵日本料理亭時期，有專門招待且中、日文雙棲的總管，也有日本舞欣賞，席間客人酒醉大鬧，而總管為了安撫所有人而將故事引導到穿戴裝備的觀眾，導致觀眾變成主角，還要教學「紀州庵文學森林」中文發音的一連串過程。影片不時中、日文交雜，觀眾一低頭便可看到日式料理，而且情境互動還可以點選每個人與物的心理狀態，讓整個互動體驗充滿樂趣，也讓卸下裝備的觀眾會對於紀州庵擁有更濃厚的興趣。

　　全部不是專業演員的這支影片，由附近會日文的學生與志工扮演，落實了「社區營造」的概念。拍攝過程中，古人扮相的演員來來去去，也讓整個紀州庵周遭彷彿環球影城一樣的時空交錯。而我也藉此學到了很多不同概念，好比：原來當時最高級的魚料理是烤香魚，原來當時的環境資源其實沒有「日劇」演的那麼豪華，可能我們現在非常一般的定食料理在當時就是豪華饗宴，而藝伎也不是都穿得像惡女花魁。

VR影片中的藝妓表演

　　細數這兩年在紀州庵發生的總總，總覺得還在眼前。但若不是有這機會落筆寫下，一切又像過日子一樣，過著過著就到頭了，曾經發生的美好也只留存在相片裡頭、影像裡頭，好像有紀錄就不用再回味了。但我還依稀記得在無法剪接的「穿梭時空紀州庵」影片拍攝中，素人演員們講日文台詞NG了數次後，喊「收工」的那一刻，那是一個集結所有人從一早化妝到黃昏的一刻，所有人都很有成就感的一刻。

　　文字有文字的美，劇場、影片、脫口秀都有其獨到之處。因為紀州庵擁有深厚人文背景的空間，讓我們得以玩出不同的火花。若說未來還有什麼想在紀州庵完成的事，我想，還是培養更多的「人文」吧！因為沒有人文，形式不過就是形式，故事也就不那麼精彩，而傳承也就沒有情感。

　　套句課程中總要完成的儀式「謝謝紀州庵，謝謝所有人，謝謝我自己」。

　　　　　　　　　　　　　　　　　　（本文作者為「好好笑女孩」團長）

黃小胖

本質是一個低調、害羞、認真帶點嚴肅、且不常主動發表意見的女孩。講脫口秀後，變得....笑點變高（咦？），除了這個後遺症外，也開始知道放鬆自己，並且更加收放自如、了解自己，也學會欣賞社會上形形色色的幽默感。

脫口秀的技巧是黃小胖努力學習得來的能力，因此更有使命感想要分享，提供給所有不懂把話說出口的朋友。讓你想說的話，有勇氣說出。讓你說出來的話，被高興的聽進去。讓你所發生的衰事，都化成幽默的能量，看待這個不完美但可愛的世界。

經典讀劇——
解構日常的果陀意象

文 / 王瀞

自古迄今，人文科學對於歷史、社會、文化乃至於生命的研究皆其來有自，孕產無數探討、辯證、建構的理論與創作。然而，我們是否有思考過，這些被研究的巨大架構實則源自於人們一點一滴的日常生活，我們談的大多是日常生活的聚合現象，譬若時常看到的「現代詩的創作面向」、「人類文化的經濟學」、「一九七〇年代的社會政治運動」、「二十一世紀的小家庭結構」等種種脫離不了文字排列組合的議題，卻沒有人直接探索「日常生活」本身的意義。因為之於我們，日常生活是瑣（鎖）碎的、繁（煩）雜的，根本不值得一提，總不會有人特地為拾起一張紙、脫掉一隻鞋、等一輛公車而大作文章吧。可不巧的是，還真有一個「瘋狂」的劇作家寫了一齣大名鼎鼎的《等待果陀》，囊括了那些我們覺得「不重要的破事兒」，乍看之初，我們或許還會懷疑：這算一個情節嗎？這也能寫成一齣劇？

　　《等待果陀》（Waiting For Godot）為荒誕派戲劇巨擘之一的劇作家
Samuel Beckett所著，是一齣僅具兩幕（Act）的悲喜劇（Tragicomedy）。
此劇受到Jean-Paul Sartre的「存在主義」極大的影響，並運用Samuel
Beckett自身提倡的非情節式（plotless）寫作手法，另外，劇中亦採取了
許多具象的呈現方式。主角為兩個衣衫襤褸的流浪漢Estragon（Gogo）和
Vladimir（Didi），中間穿插了三個經過的路人：暴虐的主人Pozzo、喑啞的
奴僕Lucky與一個無名的小男孩。這些角色不停地圍著「等待中發生的瑣事」
的意象主題（Motif），鬧哄哄地吵完兩幕，除了觀賞完後的瞠目結舌，也讓
人開始思索，我們在「等待」的期間都做了些什麼呢？

　　為解開這團偌龐如星雲的疑惑，最好的辦法就是實驗。於是，藝術浸潤
空間計畫便開展了一項「經典讀劇」的課程，與社團法人台灣青春玩藝戲劇
藝術推廣協會合作，由何一梵、鍾凱喬、王玥三位老師，依次輪番上陣，將劇
本寫作、經典讀劇等表演藝術之精華濃縮成為期兩個多月的課程。劇本寫作的
過程中，除了憑藉劇作家本身的構思，還會透過「讀劇」來審視劇本實際的戲
劇性與呈現效果，以此作為修繕的依據。故「經典讀劇」的課堂主要任務即閱
讀《等待果陀》，透過老師們的講解，練習書寫劇本，最後以讀劇的方式揉合
《等待果陀》與自撰的微型劇，舉辦一個小型的成果發表會。

參與工作坊的志工圍坐討論劇本，身後入口處的志工在等待著什麼呢

　　而最適合詮釋「等待」的人，便是紀州庵的志工們，其大多時間皆在「等待」中渡過，等客人入館、等民眾詢問、等輪班的志工抵達、等一同執勤的志工攀談、等值班時間結束、等一個未知的今日。同時他們又如戍守的兵卒，必須駐紮在古蹟的玄關處，喀啦喀啦地按著計數器，並保護古蹟不受少數擾亂規定的民眾侵擾，不能冷場、不能離開，這不活脫脫演繹了一齣《等待果陀》嗎？我們不禁將志工的「服務」和「熱忱」擬人化為《等待果陀》的主人翁Gogo和Didi，在紀州庵日復一日地對話，枯等默待。

　　春末夏初的四月，「經典讀劇」課程隨著紀州庵旁日漸芄芄的花草，一同在古蹟裡揭起了絳帷。三位老師分別由不同的角度切入，各司其職地將戲劇表演的冰山一角浮於志工們心中，援領他們發掘其他更深層的部分。首堂授課的何一梵老師開宗明義地點出劇本寫作的概念，並藉由指派作業——創作自己的劇本，予以志工們劇本入門寫作該奉行的圭臬。何老師言道，劇本寫作不啻為藝術創作的形式，更是一種思維、一種為了瞭解生命中各種細微「處境」的媒介，而其最真實的利器乃自於邏輯，宛若螞蟻仔細搬運每塊方糖，排列成一列清晰的思路；有時文筆優美反而會窒礙難行，扼殺了整部劇本的生命。因為劇本是寫給觀眾而不是讀者，必須引導觀眾至一個確定的方向，使其對劇本和表演產生共鳴與連結。在構築劇本時，若將戲中的角色比喻為摸象的盲人，各

總是只能看到玥姐的背影，目光專注在志工身上

自撫得整齣劇的一部分，那麼，劇本的撰寫就必須使劇作家本身化形為劇中人物視聞不著的鬼魂，而使觀眾成為明眸雪亮的旁觀者。

鍾凱喬老師則以影視、圖像分析作為剖劇的焦點，她讓志工們反覆觀看由「好好笑女孩」團員許乃涵主演的國防部微電影《我沒事，謝謝你》，透過瀏覽、細讀與消除影片聲音三種聆賞層次，科學式地拆解、分析、計算每個畫面，反推如何將這些有所指的符碼，具意義的畫面，轉譯為劇本的文字。鍾老師亦請志工們在課堂上即興繪製一幅蘊有植物、礦物、動物的畫作，並為自己的作品簡略地寫一個故事或一段文字，在課程的最後，向其他學員講解自己的畫作，以說故事的絮語朗誦畫作的說明文字。鍾老師彷彿搖擺手中的沙漏，讓志工們的思路在視覺與文字間流轉悠迴，漸漸旋形成後續讀劇所需的能量。

而潤澤志工們時間最長、陪伴他們再三排練的王玥老師，褪去了前兩位老師敘事、口述性的教學，浸以肢體活絡、獨白朗誦、討論分享的靈魂，把《等待果陀》和志工們各自的劇本，實證於他們的生活面貌上。王玥老師每堂課除了讓志工們練習唸讀劇本，還會下達一、二個表演任務。任務的設計皆依循序漸進了解《等待果陀》為目的，譬如她讓志工們自由構思一小段有關「生命中的等待」的情境劇，卻在他們上台時發出各種指令，使其在不能離開舞台的困窘下不停被迫中斷、修改與枯等，為的是製造「等待」中更多真實而複雜的境

況，亦或帶著志工們進行無聲表演接龍、心象練習等，使他們能在實際體驗《等待果陀》後，將感知精煉成讀劇的情思。

在拜讀過每位志工的劇本後，發現他們在勾勒角色與選擇場景上，同質性竟異常地高，A與B不斷鬼打牆爭論究竟誰從房裡拿走一件不知名物品的〈誰拿了它〉、年輕人A與中年人B相互辯護考差的期中考到底該歸咎於誰的〈無題〉，除了此兩部以描寫對話作為著力點、對角色關係與場景較無著墨的劇本，其他所有劇本皆任有或兼具「家庭親情」與「咖啡廳」二種元素。其中一部家庭劇〈我們到底做錯了甚麼？〉的場景在親戚家與醫院，藉由家人之間的生老病死憑問蒼天人生的不圓滿，另有兩部〈得標咖啡館欲振乏力之禁帶外食（舊制度下的尷尬配合者）〉、〈咖啡廳〉分別反映了店家與顧客的衝突，以及兩位職場女性透過一杯熱拿鐵表現人與人之間的羨艷。

再來的幾部劇本即寫家庭倫理、親情的矛盾，場景不是在家中客廳，便是在咖啡廳裡開展情節。〈再娶回來〉以半中半閩的文字，以一個小三對男主角的嬌嗔，戲謔了富人豪紳家庭爭奪財產與權力的醜態；〈如意〉描寫一個女兒如何面對患有阿茲海默症卻仍然偏心兄姊的母親；〈信不信由你〉說的是女兒將母親的重病歸咎於家中鬼魅縈迴，鐵齒的父親卻只認為女兒是因為女婿不願才不回來照顧母親；〈對的人〉呈現了老夫老妻在餐館日常的抱怨中所流露的甜蜜；〈她要搬來〉則以女兒與母親避開父親，偷偷地在咖啡廳談論與伴侶同居的問題，藉此探討愛情或婚姻背後的真實面貌。綜論志工們不約而同地選用同質性高的題材，或許與他們大多已退休或以家庭為重心有關。又或許他們在那些百無聊賴的日常裡，苦惱尋思生活中到底存在些什麼、從何拉起故事的線頭，編織一個非自己、似真似假的片段。

《等待果陀》一劇中，充塞了許多摸不著頭緒、俚俗又令人發噱的對白和情節，使一般人敬而遠之，如同大眾對於藝術「可遠觀不可褻玩焉」的態度。而紀州庵的志工是最親近民眾的一群人，除了維護館舍，最重要的是為參觀的人們提供導覽、解說及其他協助，因此「等待」與「說話」成了他們在紀州庵的日常，民眾總期待能在他們「說話」的內容裡，多搜掘出著老式的故事與新

經典讀劇成果演出

奇的資訊。於是，我們仿擬作家許榮哲所說：「藉由他們感興趣的東西，把文學偷渡給他們」，陸續將紀州庵之文化歷史、當代藝文知識等泉源，透過課程、培訓傳達給志工，間接地引渠至大眾的文化溪流中。此次將經典讀劇融入志工培訓的一部分，透過自己的劇本創作及生活化的意象，了解戲劇乃至於藝術，不僅存在於華光四射的舞台、精緻昂貴的展示架或遙不可及的殿堂，而是浸融於我們的日常生活之中，並進一步去探索自我，這即是藝術浸潤空間計畫冀以帶給大眾的能量之一。

經典之所以為經典，並非憑恃創作者的偉大，而是因為它終能成為眾人日常的靈感來源。

（本文作者為文訊雜誌社企畫編輯）

高原情書計畫——
「寫給遠方藏族朋友的信」

文 / 唐青古物商行、周得豪

照片提供 / 唐青古物商行

「你好，

　　忘初心，說來話長。

　　世事變化就快，如同閃電。人再快也跟不上。

　　這邊的天空，時藍時灰，雲時黑時白。

　　我一直站在藍灰的天空下，

　　望著黑白的雲，清理生活中的垃圾，

　　當然，有時候，我還可以從垃圾裡撈童話故事。

　　我喜歡冬天的寒風，冷得刺骨而呼嘯。

　　刺骨的冷使我清醒，夢不能被太陽曬死。

　　我喜歡冰冷的雨，我從不刻意去躲雨。

雨不會害誰，因為雨不是人。

說起西藏的風，我愛恨交加，

從前它吹向四面八方，

來者不拒，拒者不來。

如今它卻被，四面八方的風吹的沒有方向，

丟了方向，也丟了靈魂。

很抱歉，我的朋友，

我已經找不到西藏的風，

如果有一天我找到，我會告訴你。

……　」

──節錄藏區詩人楊Ω的回信

　　一個以幫助偏遠地區教育為目標的「台灣有福全人關懷協會」，一間是以幫助協會能夠永續運作的「唐青古物商行」，共同創辦人──唐青，大學念的是化工，研究所就讀輔仁大學大眾傳播學系畢業，有著多重的身分，她有時是位歌手，有時是個撿拾廢棄家具的拾荒者，也有時是位英語老師，現在更多的身分是位經營者、社會企業創業家。

　　從2000年初，一個因緣機會下，唐青去到千里外的藏區帶領了一次偏鄉英語教學活動，自此和西藏有了不解之緣。除了最早的英語教學，後來因著某些因素，轉換成另一個形式，帶著藏族的婦女們從製作羊毛氈開始，讓藏族朋友能夠自立解決現實中遇到的生活問題。

夢想實踐過程

　　台灣的民眾對藏區可能會有一些想像，可是他們的生活卻不一定是我們想像的樣子。實際上在藏區的生活，已經有了很多現代化與都市化的發展，在中國建設高速發展下，有許多底層人民面臨著環境的失衡，有的人像被拋棄般的

被遺忘，有的歷史文化被破壞殆盡，在香格里拉樂土的背後，是個資源、文化與教育上的全面失守，新的殖民主義正席捲著藏區的現實。

唐青在往返藏區的過程中，看見了另一種樣貌。試想著藏區世代以游牧為生的民族，在失去游牧的生活方式後，該做些什麼工作？生活存在的意義又在哪裡？但是他們的樂觀與質樸，卻讓唐青感受到純粹的良善本質，不僅讓他們樂觀的生存下去，也帶給唐青更多的能量。

因此，透過這次計畫的書信交流，希望台灣跟藏區兩個這麼遠的地方，彼此間可以有一些交流，同時思考怎樣去看待彼此的生活樣貌。徵求一封『寫給遠方藏族朋友的信』就此開始──

「多年前，與藏族朋友的通信，改變了我們的世界觀，也影響著我們的行動。這樣持續多年通信，一路引領著我們認識了另一個世界，藏族朋友的回信，也讓我們感覺到一個自生自長心靈的單純與豐富，我們好像因此也變得豐富與單純了起來。

在這個經濟快速發展時代，世界上許多地方的土地、語言、藝術、文化，習俗、價值思維，乃至於整個歷史等文化資產，也隨之消逝，偏遠地區雖坐擁最珍貴的自然資源，卻往往面臨了貧窮、疾病、糧食、人權等問題，藏區也是一片符合這樣描述的土地。我們希望透過這樣一個「高原情書計畫」，讓世界

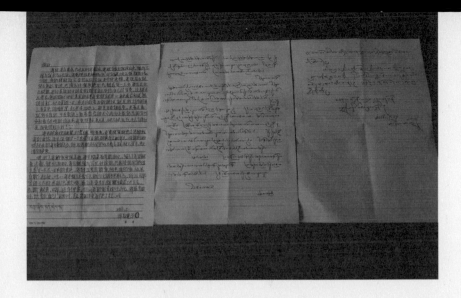

角落裡的每一個生命，都有更正確的認識與被平視看待的角度。

　　這次我們預計來參與這個寫信計畫的藏族朋友中，有一輩子做牧民放牧犛牛養大孩子的婦女，有受過教育當了老師，公務員，有一心想幫自己民族文化保留的中年人，有不曾中斷的寫詩青年，有受了教育的年輕藏族女子。有父母放牧，供他住校念書的小學生，有單親母親相依為命的的高中女生，爺爺扶養長大的高中男生，有剛來到大都市上大學的藏族年輕人。如果你的信入選了，我們將翻譯您的信，找一位適合您信件主題與您通信的藏族朋友。

　　你可以先介紹自己、分享自己的生活，讓藏族朋友認識這個與他通信的人，你可以發問問題，他也將以美麗的藏文，或寫或口述別人代筆後（依據他們識字與否）回寄給海峽另一端的您。而我們為這樣的信件，舉辦一個個展，希冀每個來讀信的人，都能更加認識世界不同的角落，與來自不同心靈的故事。」

　　在募集書信的挑選規劃上，設定了不同年齡層的對象，有二〇到三〇歲、三〇到四〇歲、四〇到五〇歲等的不同年齡層，而藏區民眾回信時也會有相對應的年齡層呼應。我們先描述在台灣的生活是怎樣，然後想像他們是怎樣的生活，然後藏人再描述他們的生活是怎樣，以及他們想像中台灣的生活，會發現

雙方會產生一些有趣的對話。比如藏人說，他們可能一輩子都不會離開藏區，所以他們很歡迎台灣人，如果可以過去的話，可以跟他們認識，了解他們，但現實是我們想去，也不一定能到那個地方。

對藏區的民眾來說，「閱讀」是一件相較台灣民眾更困難的一項活動，所以其實他們對藏區以外的世界，也很希望能夠去了解與認識。但因為政治因素的一些管制，所以平常他們有些閱讀是無法公開的狀況，所以這也是本次計畫中，選擇用書信方式的理由，盡量以低調不造成困擾的方式來進行。

而透過書信交流也有另外一層意義，現在大家可能都習慣用網路書寫記錄心情或生活發生的瑣事，可是書信的方式是一種更真實、更直接的情感交流，特別在藏人看到台灣方的書信時，也拍下他們的反應，讓他們讀出書信的內容，傳遞了更多文字與聲音的溫度，產生另一層面的意義，有點浪漫，也有點真實。

計畫中也發生了一件小插曲，就是從藏區的回信比想像中慢了很多，但從台灣寄過去時，其實還滿快的，大概一個禮拜就收到了。而回信的過程，約歷時三個禮拜多一點，使得在台灣展出時面臨沒有「回信」的呈現，好在當時從藏區回信時，有將每封信都拍下照片，才得以順利開展。或許有個事後的玩笑話，信件在傳送過程中，流轉到各個中國省份，也讓更多不同處境下的人民，都看見了彼此的生活樣貌。

全台首創──
VR導覽體驗，再造歷史現場

文 / 周得豪

　　紀州庵古蹟一年有近180場次導覽活動，有許多文化人 / 志工也常在各個文化館所聽著 / 說著各樣精采的故事，所以應該可以假設台灣人好像滿會說故事的吧！「故事力」儼然成為了現今各文化館所要生存下去必備的基礎能力。

　　因此，我們一直在思考著，除了口說之外，還有什麼樣的方式，可以讓「說故事」這件事，有更豐富的感受。我們發現了VR（virtual reality）虛擬實境這樣的科技應用，除了目前已廣泛應用在遊戲上，好像還可以有更多可能性發生。試想著在一座百年古蹟裡，可以看見那些不斷被述說著的歷史情境，日治時期是間料理屋，有舞伎表演，是達官貴人飲食休閒的場所，戰後成為公務員宿舍，也是知名作家成長的居所，那它當時是什麼樣子呢？

　　大家可能需要有點想像力，要先忽略古蹟內的現代化設備，要想像一群人穿著和服、浴衣走來走去的情境，想像著當時的美味料理，但想像力較弱的民

日治時期紀州庵是間料理屋，VR影像將料理情境重現

眾就苦惱了，可能覺得古蹟不就是現在看到這個樣子嗎？

當這些原生故事結合VR技術後，就讓想像成真了。本次計畫中，完成了第一階段以VR技術重現紀州庵日治時期料理屋的情境，當你聽完導覽員精彩的述說後，可以再透過cardboard眼鏡來觀看日治時期的影像。而VR的特別之處，就在於跳脫出平面影像的感官，讓你有360度環景的沉浸式體驗效果，重新回到料理屋時期的生活情境。

當文化遇上數位（VR）

行動裝置與電子商務的興起，將虛實整合的概念帶往行動智慧的數位時代。VR，一般人最常浮現腦海的應該是電視畫面中，幾個年輕人頭上戴著穿戴式裝置，從最常見的HTC Vive、到Oculus Rift、PlayStation VR、SAMSUNG Gear VR，眾人不顧旁人側目地揮動手臂，或不時發出各種驚叫聲。這是在電玩上的應用，早已是各家數位大廠的兵家必爭之地。

VR若要普遍影響與應用在大眾的日常生活中，在文化館所即是一個相當適合的場域。因為數位科技的應用，最需要尋找其承載的內容，文化館就是日常中最多故事的地方。但這項特別的文化與數位VR結合，因為是新的科技應用，當然也會有新的體驗門檻，並且我們沒有其他先例可循，只有不斷解決遇

除了VR，也可以下載SPOT APP，透過手機閱讀街區作品背後的文學故事

到的每項課題。

從2016年八月完成VR導覽體驗規劃到當年度的十一月間，來詢問的對象不如想像中都是一般民眾，更多的是來自中國上海、日本、新加坡與台灣縣市政府的文資處、行政院...等團隊，是以一種好奇和諮詢的方式來到紀州庵體驗。通常第一個問題會是「這是怎麼做出來的？」，接著是「你們遇到過什麼困難？」，還有「做這個東西花了多少錢？可以提供一些建議嗎！」。

趁此機會，也將這些提問過的問題，再做一次說明，目的希望未來不是只有紀州庵文學森林有VR導覽體驗，期待還有更多文化館所也能迎接數位時代的魅力，讓文化館本身也能夠建構出一個完整的「VR應用文化生態圈」，帶動起另一層次的文化創意生產過程。

場域限定的設計

紀州庵VR的完成，是透過在地團隊、劇組與數位團隊的緊密結合，才得以完成。採用劇組的方式，部分是因一段夠水準的動畫，其成本相對高出許多；另方面，我們認為歷史情境的再現，必須要有相當程度的真實感，所以採用以整個劇組進到古蹟的方式做拍攝。

完成拍攝後，紀州庵的VR設計必須要進到古蹟內才可以體驗到。首先這是一個與廣泛應用在商業空間與大型節慶中的「beacon」行動導覽裝置的支援設計。當民眾下載紀州庵VR APP後，僅可以看到一段30秒的引導畫面，接

紀州庵志工首次體驗VR影像

著畫面中會出現一段文字，請你到現場才可以體驗到完整的劇情。

　　這是因為我們將完整的劇情訊號，放在Beacon訊號發射器中，需要透過手機開啟藍芽功能後，即可以在古蹟內接收到訊號，就可看到完整版的歷史情境設計。目的在於文化館所的特殊性質，通常場所本身都曾有過相當豐富的真實故事發生，透過場域限定的設計，即可以同步感受到現場的聲音與空間感。並以便利型的cardboard使用，來保障其他參觀者的安全與動線。

推動的困難

　　VR數位導覽在文化館所遇到的第一個困難，在於人的組成。

　　眾所周知，幾乎全台各個文化館的志工，大多都以退休人士為主，少部分或因館所屬性而有較多年輕志工的參與。除了志工外，會主動到文化館所的民眾年齡分佈，也多在四O歲以上人士。但在以退休族群與四O歲以上的中壯客群中，這些對象對於3C產品的使用，或是智慧型手機的使用，都相較二O～三O歲的年輕人有極大落差的接受度。

　　首先必須要讓館所志工了解到，VR體驗是一種跳脫平面式的視覺經驗，也不是3D影像的投射概念，而是全景式的360度的沉浸式體驗。在操作上，原則上以近兩年發行的智慧型手機，都可以支援VR體驗，但退休人士通常使用的手機，是由家人兒孫女淘汰的手機為主。所以當在說明VR體驗概念時，就容易遇到有些人手機無法操作的情況，這是因為有的手機雖是新買的，但可能是2年前生產的手機或是兒孫女使用過的舊款手機。

　　克服了對VR影像的了解和手機裝置的使用後，還有一項問題仍未解決－網路頻寬。以紀州庵文學森林所在的位置，中華電信網路線路舖設最高只到100M／40M，而中華電信光世代最高已有1G／600M的速度，可只限部分區域。紀州庵VR體驗，單次流量目前設定在近500MB，所以只要同時體驗人數在５人以上，就會出現畫面延遲的反應。因此，目前體驗的來訪人數，單次皆在５人以下，較難有效且普及的推廣。（規劃於2017年與中華電信以專案合作方式解決）

願景

　　因此，VR體驗的規劃設計，實則橫跨了各領域產業的升級，才有更進一步的體驗效果。未來除了文化的數位需求，還包含了正進行中的高畫質影音內容傳輸、物聯網、智慧家庭、雲端等創新應用服務的需求，都是全面性的產業革新。

　　文化與數位科技的結合，未來仍然是文創發展必經的道路。唯有未來二～三年仍持續開發新的內容敘事，也有更多文化團隊接受數位世代的來臨，創造更多文化數位體驗的需求，或許VR應用的文化生態圈將不是個幻想，而是新世代行動改革的實踐成果。

附錄

高原情書計畫

給藏族朋友的一封信

單位/ 文化部
單位/ 財團法人台灣文學發展基金會
單位/ 台灣有福金人關懷協會　廣青古沙肩　紀州庵

高原情書計畫──寫給藏族朋友的一封信．參與者

台灣作者	年紀	藏區作者	年紀
湯O安	20歲 ~ 30歲	澤O央O	10歲 ~ 20歲
辛O珊	30歲 ~ 40歲	秋O	20歲 ~ 30歲
李O怡	30歲 ~ 40歲	澤O初	10歲 ~ 20歲
劉O婷	20歲 ~ 30歲	尼O姐	20歲 ~ 30歲
黃O哲	50歲 ~ 60歲	燃O	30歲 ~ 40歲
何O均	20歲 ~ 30歲	澤O寬O	10歲 ~ 20歲
Ann Hung	30歲 ~ 40歲	謝O江	20歲 ~ 30歲
劉O吟	20歲 ~ 30歲	當O姐	10歲 ~ 20歲
林O璋	30歲 ~ 40歲	楊O	30歲 ~ 40歲
彭O倫	30歲 ~ 40歲	依O	10歲 ~ 20歲
羅O琪	20歲 ~ 30歲	求O益O	20歲 ~ 30歲

【湯O安──澤O央O】

你好，我是來自台灣中部的二十一歲大學生，很開心，很興奮我的文字可以隨著一張信紙傳達到你所居住區的地方。

我想了很久關於這個計畫，這封信的內容，我該問什麼呢?我好奇的事情實在太多太多了~現在（夏天）是我們學生放假的日子，但我卻還沒有空閒的時間回家，有點想家，不知到家人都外出上班時，奶奶一個人在家做了什麼?會不會很無聊？我奶奶已經九O幾歲了，雖然她常常幾乎每天每天上菜市場，我很好奇，你的爺爺奶奶呢？他們也會每天出門嗎？如果在家裡時，他們都在做什麼呢?你如果遇到他們，每次都會說的一句話是什麼？長大之後，現在的你們會和他們一起做什麼特別的事嗎？（除了吃飯，呵呵）你覺得他們現在有沒有煩惱呢？他們有沒有不時地對你們說過他們小時候或年輕時發生過的事呢？

我奶奶就常這樣，因為他小時候當過童養媳，之後以一個單親媽媽的角色扶養了五~六個小孩，她常常鼓勵我們，用那些故事告訴我們，現在的我們有多麼的幸福 ><，也常常默默無私地為我們付出，表達出關心。你的爺爺奶奶或者身邊的長輩們呢？你們都是怎麼互相表示關心與愛的呢？那你有想過自己老了的時候，會過著怎樣的生活呢？

祝福你天天開心，活出特別的自己

best wishes
O安 2016.7

您好，

我叫澤O央O，大家都叫我央波，今年十七歲，大專二年級，很高興能在信上與您交流，特別高興能在信上說我最心愛的奶奶。

我的奶奶今年七十五歲，我從小就跟在奶奶身邊長大，從一歲半的時候，我就和奶奶一起生活，但我只記得從六歲到現在的生活。我小的時候，每天早上去上學之前奶奶甚麼都幫我準備好了，吃早飯，幫我洗臉，衣服準備的整整齊齊。下午放學回來後，我奶奶一起去擠牛！晚上吃完飯後，每天晚上都要跟奶奶一起睡，奶奶每天晚上都要給我講她自己小的時候的故事。我奶奶小的時候很辛苦，沒有玩過一天，天天都在工作，奶奶跟我說過一定要努力讀書，不要身在福中不知福，我家生活雖然有點困難，但我不覺得苦，因為我比起奶奶的生活，我還是很幸福的，要學會苦中作樂。

我奶奶如果沒有甚麼重要的事，她不經常出門，如果在甚麼地方有個活佛念經的話，多遠她都要去。每天早上六點起床去轉經，在家裡要照顧弟弟，不會做很特別的，只是一起做家務，一起念經轉經。我奶奶唯一煩惱的事，就是爸爸那方面（呵呵…家醜不可外揚），所以就不說了。我奶奶也一樣從三十九歲開始養了七個孩子，不幸的是一個孩子病死了，她們會告訴我們什麼地方做對了，什麼地方沒做對，我們會在語言上表達愛、表情，我想過，我老了的時候，可以安安靜靜的普普通通的的過完人生，沒有任何煩惱的事。

祝福您一路順風，萬事如意
吉祥如意

央波 2016,8

153

【辛〇珊──秋〇】

遠方的藏族朋友，你好：

感謝你 回應通信的活動，我覺得透過細細的文字認識一個人、與他建立關係，真是一件充滿想像趣味，又其實需要付上人情、信任、真心的事，否則，這些手寫黑字就只落得如印刷品般，失去生命滋味，使人徒感嚼蠟了。

我住在台灣最南的縣屏東，這是一個日光富足溫度也熱情的地方，我在鄉下生活，是一個教會的老師，常常被孩子們圍繞，和他們同享生活：種種或大或小的國語數學疑問、體育課的新接力法(最近老師發明的是用跳繩跑跳接力)、自繪漫畫最新回合、電腦線上遊戲的奇幻角色進化變強的方法，或是今天挖了不少蚯蚓可以把前陣子收留的小鳥餵得很飽...我的生活不算驚天動地，但卻可以安然滿足於這日日的小小奇妙，從學生們的學習、改變、成長，體會到「新」的感覺。關於「新」，有句中國的成語叫「日新月異」，多半被用來形容科技高速發達，讓人深感日日不斷蛻變的發展，我還沒有西藏的朋友，不太清楚你們對世界在物質變化上的感受，但我認為「新」並不是高科技所在處獨有的體會，如果只是日復一日在物質上變化，反而很無聊，我在書上看過你們生活中的視野，非常羨慕，沒有邊際的湖光山色，全然純粹精煉的白雲、藍天、野地...長得好像就是它們定義中應有的樣子，不帶上黑煙、油漬、色污...眼目所及，令人敬畏，我在台灣，目前曾在自然中體會過敬畏之情的地方是東岸花蓮的太平洋，海，也沒有邊際，而且有吞沒人的危險，那深沉的藍可以仁慈的提供魚貨、娛樂，但也能無情的翻浪摧毀...那天下午，我臥在圓石灘，用身軀慢慢扭出了一個小窩側躺，聆聽海聲、平視海面、略仰藍天...體會百般情感，傾心、戀慕也畏懼。

你們生活中，是否常對天地有如此的情感呢？也曾經體會過「新」的感覺嗎？而這些又會是從甚麼樣的人事物引發呢？

感謝你的閱信，也很期待你的回信，生活中感官的或心靈的真實，都很有滋味，而就是這些豐富體會，讓生命好吃啊（呵）！願我的來信為你的生活加味，一個遠方的、友善的、好奇的微笑，期待你信中的酸甜苦辣，百般滋味。

祝福　日日好日　時時好滋味
你的朋友 ○珊

● ●

遠方的朋友:
你好！

雖然我們相隔千里，素不相識，但我今天用一顆真誠的心與你交朋友。

首先，感謝你，在茫茫人海中選擇與我交朋友，當我剛收到你的來信時，有點驚訝，但更多的是驚喜與歡樂。感謝你的真誠，感謝老天恩賜於我們的緣分，其次，請你接收我帶著誠意的道歉，因為最近很忙就一直沒能給你回信，非常抱歉蛤! 願你能諒解我^u^

好了，下面我就說（講）一下我的情況吧！
我出生在中國大陸四川省阿壩州紅原縣的一個牧民家庭裡，對了，我家人口較多喔！共十人，嘿嘿，你是否有點驚訝呢？

喔! 我吶，在我們鄉上的一所幼兒園裡當老師。就像你說的那樣，看著他們一天天地長大，一天天地改變，從他們的學習、行為上會給人帶來一種新的感覺...

再給你簡單介紹一下我的家鄉吧！我的家鄉就在紅原美麗的大草原上，這裡的景色非常優美，藍天、白雲、綠油油的大草原，空氣也很新鮮，當然，最美最安逸的還是夏天。夏天，也是牧民們最忙碌的季節（詳細內容，我以後慢慢給你講蛤 ^u^）。如果你有機會來我們這邊遊玩，我可以當你忠實的嚮導喔！我可以帶你去很多美麗的地方（夏天最美）喔！

好吧！今天就此停筆吧！
祝願你

開開心心，身體健康，活力一天比一天精彩！

你的朋友　秋O　2016,8,25

【李〇怡——澤〇初】

致我親愛的朋友，

原本昨日給你寫的信，我又把它刪除了。是的，許久未執筆寫字的我，為了害怕錯字百出，事先用電腦打出自己要寫的信，打算再手抄一份給你。但一覺醒來我又改變了念頭，於是刪除了那份草稿。你將會得到我最真實，然後會有很多錯字的一封信，哈！

在原本的信件裡我交代了很多關於我自己，重讀後覺得那有點太囉嗦。在完全不知道你是誰的情況之下，我太急著跟你分享我的一切！今天醒來我突然有感，我只需跟你交換我的一天，即好。

我的名字是李〇怡，我從小在馬來西亞長大，二〇歲的時候我來台灣念大學，然後就一直居住在台北，在台北工作，我的家人都在馬來西亞，自私的我太熱愛自己的人生，選擇留在喜愛的台北生活。目前的工作是個品牌公關，不知道你那有沒有這種行業？大城市裡總是喜歡把簡單的情複雜化。在這個繁華的城市裡，可以滿足大部分人們物質上所需。然後再因為它的繁華，吞蝕你最原來的面貌，例如你會忘了草原的氣味，你會忘了提筆書寫的感覺……

每個星期一到星期五，都是我必須去公司上班的時間，早上十點要準時到達以免被扣薪水，通常我都九點十五分出門搭捷運。每天都必須經歷捷運上的人擠人，還有轉車，才能到達公司。台北不大，其實台北很小，但是每天上班的四十五分鐘，車程總讓人覺得很疲憊。

在公司，我們各自依照職稱去負責各自的工作內容。而我最常面對的任務，就是使用facebook去宣傳我們品牌要傳達的理念。facebook這可怕又可愛的玩意兒，已經成為我日常最依賴的軟體，我們的工作、社交、生活、甚至連絡，

無一不依賴它，想著都覺得可怕。

這裡的上班族最愛說一句話 ''上班等下班，下班等休假"不知道其他人怎麼認為，但這的確是我的心情寫照。我的每一天，好像是從下班才開始。晚上七點下班，有時候我會去操場跑步，通常操場也都擠滿了很多像我這樣下班去跑步的人。跑步，也是我們另一種呼吸的方式，也有的時候，我會去上瑜珈，我很喜歡瑜珈，那是一個可以讓我更平靜思考的活動。通常忙完一整天，加上這些運動，我回家就可以舒服的睡覺，準備隔日，日復一日。

我想知道你的一天，你也每天工作嗎？那你的工作是什麼?你喜歡跑步嗎？還是你每天都在草原快樂的奔跑？

期待很快就會收到你的回信，我想我會感動但不致於落淚。
期待你的一天。

你的朋友　李〇怡

• •

〇姨:
您好！

原本收到信件就想立刻回信，但因為我放假後，就在老家打工掙學費，之所以耽擱了回信的時間，很抱歉蛤〇姨。

看完您的信件，我發現您也在忙碌的一天之中渡過，其實我真的很敬佩您，雖然小時候跟家人一起在馬來西亞長大，但年紀輕輕的二〇歲姑娘獨自來到台灣

念大學又在台北工作，真的很不容易啊！我猜想〇姨您經歷了不少困難吧！我為何這麼說，是因為有句名言就是這麼講的"不經歷風雨，怎麼見彩虹"。所以您如今擁有自己想要的，您真的是我敬佩的人啊！

您說想知道我的一天，我的一天真的很忙碌，不管在學校還是在家。最近我沒有一天可以好好的休息，每天四點左右就起床幫母親，因為我母親也為我們這個家在茶樓打工，星期六日忙完茶樓的話，我又要洗我家人的衣服等，忙完又要趕上打工的時間，上了班每天還要一件一件一雙一雙的擦灰等。反正還有多事要做，中午時沒人時看看即將要學測大學書，這些書我都是在朋友那兒借的，然而這次高考考得不好，但我不能因這次失敗而放棄很多的機會，因為失敗了，所以我要更加的努力。下午時，我會在外邊跳繩，有時候會跟朋友在我打工的店門前聊聊天，晚上下班回到母親打工的地方幫母親熬夜，就這樣我們的一天就是這樣過的，每天都在努力。

跑步不是很喜歡，但偶爾還是會跑的，平日我沒時間因為打工，但不打工還是會跟家人到草原上玩兒，那時的感覺真的很快樂很舒服。遼闊的大草原上可以呼吸到草原上的花草樹木芬芳的味道。

〇姨雖然我的信不一定能打動您，但我寫下的句句屬實。雖然我這次寫信時間不是很長，但我在我短短休息間寫的字體等很不好很抱歉啦。雖然我們的距離是非常遙遠，但是緣分將我們帶到一起，是友情將我們緊緊相連。我會珍惜〇姨的，謝謝〇姨您與我寫信聊天。

高山上的人總比平地先看到日出。您高瞻遠矚，您的事業必然前景輝煌。祝〇姨您鵬程萬里！

您的朋友　澤〇初

【劉〇婷———尼〇姐】

遠方的朋友，你好:-)

我是來自台灣的女大學生，我叫Ting。我現在在美術系裡學畫畫，我跟我4個
朋友住在外面，每天走路去上課，現在的季節剛好是鳳凰花開的時候，上課的
路上都鋪滿了火紅色的花瓣，而且樹枝上盛開的花朵在風中飄搖的樣子，像火
一樣在燃燒，非常美麗。我養了一隻貓，全身都是橘色的，她很特別，在她很
小的時候就在街上流浪，一隻眼睛受了嚴重的傷。後來我姊姊發現她、帶她去
看醫生、照顧她，直到我姐姐問我要不要養貓，我才接手小貓，她現在已經長
大了而且很健康，她現在已經一歲，很愛吃所以變得有點胖，而且她還會在早
上瘋狂喵喵叫我起床餵她吃飯。你們牧羊的生活是怎麼樣的呢？比起養貓一定
更辛苦吧！雖然我沒到過西藏，但我很想去看看。在我的城市，有一座機場，
抬頭常常會看到飛機飛在空中，我特別喜歡看飛機，只是看它緩緩飛過。我住
的地方有很多摩托車、汽車、公車，不止到了晚上會吵得讓人睡不好，而且空
氣也很糟糕，加上我的作業很多，讓我不能做我想做的事，讓我漸漸覺得很不
快樂。我夢想著我可以離開學校去別的地方，我不確定我可以去哪裡，而且我
的爸爸媽媽一定很希望我大學可以畢業，雖然學校讓我不快樂但我不希望我的
爸媽再一次對我失望。你是學生嗎？你在學校學習什麼呢？最近有發生什麼好
玩的事可以跟我分享嗎？

親愛的朋友：

你好！
我是來自四川藏族地區的女生，我叫尼O姊。我已大學畢業，現在在準備考工
作。平時我跟外婆一起住在一個村莊裡，這裡的環境非常清靜，而且這裡的人
們也十分純樸。

你在信裡提到你接手一隻流浪貓，這說明你們家裡人很有愛心喔。
我們牧區的生活有點辛苦，特別是在夏季，牧民們很忙，因為那是小牛、小羊
們降生的時候了，也是母牛、母羊有蠻多的奶去擠，所以牧女們在早晨早早地
起床去擠奶，牧女們把奶擠完後，首先把奶送到家，把牛奶燒熱，奶燒開了之
後，牛奶分離器來把奶分離成初乳和酪水。最後把酪水燒熱成奶渣。之後有空
暇時間，可以休息吃飯。

放牧區的生活，說輕鬆也輕鬆，說不輕鬆也不輕鬆喔，但是也沒有太大的壓力
吧。你在信裡提到你在學校不快樂，但我覺得來到社會上，反而覺得待在學校
更舒服喔，所以我也衷心地希望你要唸完大學。你畢業了之後或者放假期間，
我歡迎你到我這來玩耍。

你的朋友　尼O姐

2016,9,3

【黃○哲——燃○】

Nviya Su Hol ！來自遠方的朋友，平安！這是敝人第一次用書信寄給高原的您，塵封已久的親筆字跡，再度因緣際會呈現在您的面前。此刻的心情，可以說，百感交集，五味雜陳！就是因為這樣，驅使自己在中年歲月的當下，鼓足勇氣，執筆致函，那平生未曾謀面的藏族友人，願以賽德克族母語向您問安！

我出生在台灣南投的鄉鎮地區，小時候常聽當地的長輩說：「這裡出產美女，茭白筍，甘蔗」，後來長大後才曉得它是位於台灣中心地理位置，擁有氣候宜人，風光明媚；群山環繞，鳥語花香，以及山澗泉水滲出美味甘甜，因此而享負盛名。隨著時光飛逝，時代的變遷，農作物耕耘的改變，「礦泉水」一詞，確實替換無法想像的空間。本身血統乃源自父親為靠近南部沿海地區，和母親則乃高山賽德克族之結合。孕育養成我對高山樂天的情懷，鄉間民風樸實的性情，如今現階段仍在城市都會區，為五米折斗折腰而生存，但是可以確定的一件事，常寫給千里之外青康藏高原的族人，彷彿自己置身在其中，感受到剛毅、堅忍、安穩、祥和的思緒，皆歷歷在眼前藏族文化國度裡展現，再次激發埋藏已久的夢想，點燃在地文化的思維。

能住在海拔4000公尺以上的高原，不僅是上天賜予福份與得天獨厚的恩典，也是常人所不能及的地方，透過媒體電視的報導，隱約地知道，湛藍清澈的湖泊，帶著一絲令人進入靜謐的光景；朝聖者以五體投地，步步驅緩的敬虔精神，望見遠處遙不可及的聖山前進；面對亡者的身體，以尊重大地的生命的響應，任憑數以千計的禿鷹，成為最後生命清理的使者，在在的影響我的思維，並深刻地烙印在心坎裡。唯一教缺憾的，這輩子可能無法有倖前往當地了解民情文化，風俗習慣，只好不請自請，由您親自訴說，會比傳播媒介來的真實與美麗，期盼您的佳音，滿足我心靈上的空虛。
您好，

收到信感觸萬分，很久沒有收到手寫信了，得知是一位賽德克人更想了解一下，也許因為自己是少數民族(原住民)的原因吧！

我從小在高原牧區長大，去了一些學校，可沒有上過大學，父母是牧民，家裡有六兄弟，讀完書回來在政府機構工作，給政府部門工作是一件很無聊的事，可為了生計還是半心半意，十年了，寫到這裡想起你在信中提到"剛毅、堅忍、安穩、祥和"，不太吻合吧! 其實在一些電視媒體的報導來了解也可能是這樣了，很多人用"神秘"來描述我們，就比如提起賽德克，我只有一部電影的印象。

不管怎麼樣，想像海邊的你們，民主的你們，還是挺嚮往的，可我辦護照比搬一座山還困難，所以不管那裡，外面的世界只能用想像的了！

最近有個想法，想跟所有的朋友商量一下，如有興趣以後再詳談，就是想在家鄉建一個圖書館，因為在藏區沒有一個村落是有圖書館的，所有讀過書的人回家鄉，沒有一個屬於他們的角落，所以想在家鄉完成這樣一個很個人的願望，但光靠我個人的力量是沒有辦法，想集中大家的力量來實現這樣一個目標，不知能否成功？！

好了，密密麻麻寫了這麼多，其實也不知道要表達甚麼，就這樣吧，下回再聊。

吉祥如意

燃O

2016,9,5

【何○均──澤○寬○】

你好，我是阿○，我去年剛從大學畢業，畢業後到海邊住了一個月，我常常看著大海發呆，我很驚訝原來海有這麼多顏色，大雨之後、艷陽高照的晴天、颱風的陰天都有不同的顏色，藍的好美好漂亮，看著海的感覺很平靜，我很喜歡。沒多久我就到台北工作，原本我住在台灣最南邊屏東，很少來台北，小時候覺得這是一個很大很繁榮的都市，剛來的時候有些不適應，常常迷路，但後來就漸漸習慣了，這裡很方便，有很多新鮮有趣的事，我給自己兩年的時間在這裡工作和學習，兩年之後嘛……暫時想不到要做什麼。我喜歡登山、攀岩、在海裡游泳、閱讀、跳舞，台灣是個小島，但有很多高山，因為位處地震帶的關係，這裡有兩百多座超過三千公尺的山，山上真的很美麗，我是開始爬山之後才認識很多動物和植物，學習怎麼生活，這樣說很奇怪，不過我以前不太會煮飯，也很怕黑，根本沒有想像過有一天我會很享受在夜晚的高山上看星星，滿天的星星真的好美麗。

想像中你住的地方就像我在高山上看到的景致一般，開闊又壯麗，海拔非常高，有一望無際的草原，牛羊在草地上悠閒的走著，太陽很大但氣候寒冷，晚上的時候只要走出家門抬頭看，就可以仰望滿天的星空，我沒有出國過，真希望有一天可以到你住的地方去看看，如果我真的有機會去到那，我會高興地想要奔跑和跳舞。我很好奇那邊都種一些什麼作物？你最喜歡吃什麼呢？

希望你每天都睡得香甜，身體健康。

2016.7.6 阿○

你好，

我叫澤○寬○，也可以叫我寬波。我現在在紅原讀高中。很高興能與你在信上交流，我覺得這是種緣分，我們藏族人很相信緣分的。真的特別高興在信上認識你，或交換思想。我呢，從小就待在爸媽身邊，也沒去過很多地方，也想感受一下外面會是甚麼樣的。我們在這邊平時在假期裡自己要自己找學費。這樣可以幫忙爸媽的忙啊！其實那樣我覺得就是一種成長和成熟的過程。忙碌的一天，在太陽落山的時候就是收工的時間了。在金色的陽光裡，起步在山路上，那是自由的感覺。走著走著就停在原地，坐在草地上看著藍藍的天空再加上最熟悉的鳥叫聲和最動聽的流水聲。我覺得其實美不美、快不快樂在於人的心靈。你覺得對不對？ ^u^

我平時喜歡跳舞，打籃球，聽音樂。我覺得愛好也許能給我們自信。這麼說你是一個大學學歷的，那你肯定比我大。叫你什麼好呢?小小的我懂得太少，所以我想用不同的心情去跟別人學習，知道得更多。

喔，對了，我的家鄉很美麗，那裡隱藏著我的回憶，留下了我的快樂，我可以分享給你啊，我會很高興見到你的，也希望你能夠過來感受一下不一樣的景色。我們這裡有的家放牛，有的家放羊，有的一起放。哈~我變得不太會寫了。因為漢文的水平並不高，所以可能寫得不太好，感到抱歉喔。最後我要祝你繼續成功下去，不斷快樂。喔，還有件事，你問我的你最喜歡吃什麼，我最喜歡吃軟的（麵包），因為吃起來比較方便啦。嘻......

吉祥如意

2016, 8

澤○寬○　^u^

【Ann Hung──謝○江】

Dear U:

給在遙遠距離二千公里外的3千公尺高度的草原上的你

今天的陽光是否一樣灑落在你紅通通的臉頰上

今天的草原上是奔馳著馬 還是牧放著牛

抑或是緩緩跟隨著羊

在小小的盆地的我總是羨慕著那人山大水大草原

不知道那種一望無際的廣闊給心是會帶來怎麼樣的衝擊

聽說那倉央嘉措也曾經迷戀著世間

因為他就生長在那藏的綠地上

是否因為天空太藍 連魂魄都攝去了而不想往生極樂了

還是那女子真的太美 黑赫的髮絲 烏溜的眼眸子

靈活著轉著 看著草原上豪氣的漢子

美麗的故事是否還是如流傳般這樣的發生著

那稀薄的空氣是否清新的讓氧顯得更純然

在接近天際線的你們是否願望比較容易上達天聽

母親是否在幼年的耳邊一樣唱著那遠古的童謠

都只能想像著

不知道你們是否也想像著小小土方的台灣的我們是怎麼樣的生活著

我們沒有馬牛羊 可我們吃著馬牛羊

沒有大大的青草原 可我們總看著電視裡的青草原

沒有傳統的五彩繽紛的神祭典 但我們有著五光十色的廟會慶典

我們的人民在離地面不高的平原上生存著 靠著你們比較少看見的海

我們依海而生 所以有了流浪四國的性格

大大的不同卻也有著大大的想像著生命的不同凡響

今天的你們是否依舊艷陽高照

依舊歌聲嘹亮 依舊游牧在那青翠的草原上
在紅通通的臉頰上 漾出那抹最深刻的笑靨
我想像著歌聲嘹亮 環伺遠方的高原嘹亮
有機會一定走一趟那曾經是香格里拉的遠方

深深的祝願　安好
洪○君　謹　Ann Hung
二零一六.七月.台灣

• •

Dear U,

在接近三千八百米的高度想像海平面對著太平洋的生活也許過於想像，但看你
的來信我看見一個熱愛美好生活的心，所以我想，遙遠只是地理，並非人心。

我願像剛高原的陽光般去迎接著每一天的憂傷與快樂，或許歷史和文化留給我
們的是一個多麼不同的問題，但也是一個多麼相似的心情。願你也能像高原的
光般去迎接每一天的憂傷和快樂。願太平洋的風永遠地溫柔地輕撫著你不悲不
傷的心。

我愛這裡的土地，像你愛著你的土地那般，若你能再來這個地方，我大肉大酒
地接待你，因為我們有著不同的歷史和文化，但我們有多麼相似的心情。

願我們熱愛生活和供奉真理的勇氣和心。
萬歲。

2016,8,21　謝○江

167

【劉O吟——當O姐】

你好，不知道你是大人或是小孩，住在城市還是農村，很好奇打開這封信的你會是什麼表情，很高興認識你，我有一些話想跟你說。

我出生長大生活在台北，這是一座在盆地裡的城市，四周被丘陵環繞擁抱，有著小小的街道，巷弄裡總藏著有趣的小店等著被發現，我最喜歡找間咖啡店坐一個下午靜靜的看書和聽音樂。最近有一段空閒的時間，我跑去花蓮體驗當農夫一個月，這裡是一個寧靜的村落，每天在山腳下的田裡耕作，享受著揮汗如雨後的涼風吹拂，看著照顧長大的作物有種非常踏實的快樂，我開始在心裡想像未來擁有一間小屋和一片田地的模樣，我也相信著只要自己夠想就一定能做到。不知道你是否也有在種田，自己釀著青稞酒呢？

我還是很難忘桌上總擺著熱熱的甜茶和夾著碎肉清湯的藏麵，去年去西藏旅行2個星期，愛上那裡的山、湖、江水和味道，上路拉車時總是捨不得閉眼睡覺，望著窗外不斷變換的山，他漸漸靠近我，我又慢慢遠離他，一次次不斷地相遇然後又分離。來西藏要看的是人們呀，那天旅館老板娘的話還在耳邊，旅程中我羨慕著你們虔誠的信仰，人們轉經時專注的神情令我感動，那是一種從靈魂散發出來的美麗，回臺灣之後我久久都無法抽離這樣的情景。一個我還沒離開就約定下次要再回來的地方—西藏，對你而言是一個怎樣的家鄉呢？路上曾碰到騎摩托車轉山的一家人，那時山頭上有些冷，女主人熱情地招呼我們喝下甜甜的青稞酒，你也曾出發去轉山或轉湖嗎？那是一趟怎樣的旅程呢？西藏，有時出現在我夢的碎片裡，最近一次是在八廓街裡迷了路，怎樣繞都走不出來，我想找人幫忙卻沒有人看到我，夢中巨大的孤獨和無助感席捲著我。後來漸漸明白了一件事，其實沒有人能給我指引方向，也沒有所謂正確的道路，走自己想走的路，沿路上的考驗都將成為雲淡風輕的景色。

祝福你一切平安順利

2016.小暑　劉O吟筆

168

姓名：當O姐　　地址：紅原縣瓦切鎮　　民族：藏族

出生年月：1998,2,3　　血型：O型　　身高：159cm

屬相：兔子

我是藏文中學初二（一）班的學生，也是本班的班長。我是一個愛笑的女孩，生活在一個愛笑的班級了，我一直追尋著一種最美好的笑，因為我是一個性格開朗的學生，所以我喜歡看別人對我的微笑，更喜歡與笑口常開的人交朋友。

對於我的家庭來說，放牧幾乎是我家裡的主要經濟來源，母親出生在偏僻的牧民家，也沒受到過什麼文化。我們家從小沒有爸爸的陪伴，缺少了爸爸的愛以及關心，所以家完全靠母親擠奶維持生計，母親又常常因胃病要吃藥，再說我們有三個兄妹，大哥從小跟著母親去放牧，所以沒機會上學，雖然母親很希望讓我們上學，讓我們尋找自己的夢想，不管她有多大的困難也為自己的兒女著想，但是大哥卻不放心母親一個人，所以母親怎樣對他說也聽不進去，只好留在自己的身邊放牧，就讓我跟二哥上學。時間過得真快，大哥已經20多歲了，不久結婚了，結婚後我們一起度過了八年的時光，這八年裡哥哥和嫂子有了三個孩子，可沒想到八年後嫂子說不要我跟媽媽還有二哥，因為我學費很累，再加上難以和我們相處，所以我們分家了，二哥放棄學習，當和尚了，所以只有我一個人在上學，但是大哥的小兒子實在不想跟他們在一起，因為三個孩子從小被我媽媽養大的，所以小兒子對我母親的感情實在太深了，正因為如此他不跟大哥和嫂子過日子，雖然他只有五歲，可他懂得誰是對他最好的，所以對於我的家庭來說更是雪上加霜。但我不會為這些而傷心，因為我相信總有一天我會改善家裡的處境。

家庭條件不好何必傷心又難過，再說因為我有著上學的機會，所以我應該感到高興才對，正因為如此我一直在努力學習，認真完成班級安排的每一項任務，嚴格要求自己，因為我明白只有知識才能改變自己的命運，改善家裡的處境，

所以我會緊跟老師的教誨，努力將囑咐付諸於行動，認真學習，去實踐，不辜負老師和家人的期待。

我是一名剛進入初三的學生，我出生在一個牧民家，從小與母親一起長大，缺少了父親的愛，但只要母親的愛永遠存在我就滿足了，沒有什麼事情過不了的，只掉追尋最美好的笑，生活自然而然會幸福。下面簡單的介紹一下我的家鄉，連綿不斷的山川，歡快流暢的小河，可愛的羊群，無邊無際的大草原是我的家鄉—紅原。我家鄉的景色特別美，尤其是月亮灣的景色，月亮灣的水清澈見底，水中魚兒游來游去，看起來比賽游泳似的，而且月亮灣的小河有時候看起來像一輪月亮，有時候看起來像香蕉一樣彎，還有時候看起來像笑彎了的眼睛。我們這裡的人最喜歡吃粘粑、奶渣、酥油等，所以我們這裡大部分人們靠的是擠奶維持家庭生計。

2016年8月14日

當O姐　親筆

【林〇璋──楊〇】

孩子
這是給你的第一封信
當你讀信的時候
我想像著你那邊的天空
是灰灰的
白雲如同你熟悉的一樣
是白白的

想了幾個問題
想像著見到你的時候
一定會問的

你習慣的風
是什麼樣子的
　熱情的　兇狠的　冷淡的

你習慣的雨
是什麼樣子的
冰冷的　無情的　難過的

你知道吹向西藏的風
是哪一個方向來的
希望你那邊的風
也能夠順道來這裡拜訪我們

孩子
這裡終於開始
像夏天
說到炎熱的天氣
你們又習慣做些甚麼呢？

以前，在我跟你一樣年紀的時候
喜歡去游泳
喜歡去吃冰
喜歡沖冷水澡

現在的身體好像變得不太勇敢
害怕讓自己身體冷靜
害怕去體會不舒服的感覺

對你來說
目前為止你生命中最害怕的事情是甚麼？

孩子
你常常在奔跑嗎？
你每天需要奔跑嗎？

在台灣的我，很久沒有跑步了
很久沒有經歷過心跳快速的感覺

四肢跟呼吸從急促到舒緩

我不喜歡流汗
我不喜歡被人陽曬得臉紅紅的

如果
汗水也是一種打扮
那我肯定是另一種風格打扮的人

孩子
你跑過了幾座山丘了呢？
我很羨慕你
能夠在一個沒有高大建築阻擋的地方
跑步
期待你的回信

可敬可愛的朋友！

你好！

忘初心，說來話長。

世事變化就快，如同閃電。人再快也跟不上。

這邊的天空，時藍時灰，雲時黑時白，

我一直站在藍灰的天空下，

望著黑白的雲，清理生活中的垃圾。

當然，有時候，我還可以從垃圾裡撿童話故事。

我喜歡冬天的寒風，冷的刺骨而呼嘯。

刺骨的冷使我清醒，夢不能被太陽曬死。

我喜歡冰冷的雨，我從不刻意去躲雨。

雨不會害誰，因為雨不是人。

說起西藏的風，我愛恨交加

從前它吹向四面八方，

來者不拒，拒者不來，

如今它卻被，四面八方的風吹的沒有方向

丟了方向，也丟了靈魂

很抱歉，我的朋友，

我已經找不到西藏的風

如果有一天我找到，我會告訴你。

我不習慣被逼

也不習慣，太多的從頭再來。

現在的人們，不像螞蟻，像蚊子。

我害怕的東西太多，都不清楚，

但我不怕面對，在路上等你。

我喜歡簡單的生活，

我從不羨慕別人的成就，

但我從心底裡尊敬善良的人。

朋友，謝謝你的來信，

這信希望是下一封信的前頭(開頭)。

索性回復，望你見諒，祝你永遠

心。

快樂，幸福。

楊○ 筆

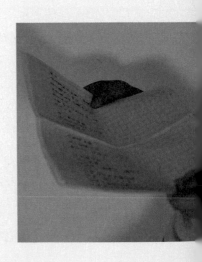

【彭O倫——依O】

您好，我是小彭，我是唐青的朋友，也是唐青古物商行的義工，很資深的。我從事的工作是餐飲業，我會煮咖啡、做調酒和做一些西式餐點，譬如三明治、燉菜、烤雞甚至甜點，當然一些簡單的中菜我也會。我喜歡用心為人製作食物，看到人們吃下去露出幸福的微笑那瞬間，以及在各種食材、調味、烹調方式組合中，像變魔術般，創造妙不可言的滋味。

餐飲是我很有興趣的事情，但是我發現，內心真正想做的，是可以讓這個宇宙變的更好的事情。

從去年六月開始，我參加了許多的活動，在心靈層面上有了許多的學習，我更探索了我自己，更了解我自己有甚麼能力，我適合做甚麼，我想要的是甚麼，並不是說已經很確定找到一個人生目標，但是不會那麼迷惘，而且會更勇敢的去前進，未來的方向，有兩段很棒的文字會一直指引著我。

"三種單純又強烈的激情支配著我的一生，那就是對愛情的渴望，對於知識的追求，以及對於人類苦難痛徹心肺的憐憫。愛情與知識只要存在，總是向上導向天堂，但是憐憫又總把我帶回人間。" / 羅素

"人生而是不平等的，你無法選擇你的出身。但如果你有做選擇的權利，代表你有著更大的社會責任，應該要做更大的事情，去幫助更多的人。" / Peter Buffett

朋友，我相信，雖然我們在不同的環境下生活，可是對於生命的意義，有很多東西是相同的。要探索自己，找出你的人生目標，然後為了達到那目標，你會經歷許多的人生課題。可以問自己兩個問題：當你死時想要成為什麼樣的人？

在你死後你希望如何被記得？對我而言，找到自己人生目標最好的方式就是踏實認真地生活，然後把人生中所有的困難看成一種可以讓自己成長為更好的靈魂的機會。

朋友，請記得，改變才有可能變好。如果你已經找出你的人生目標，就勇敢的去做吧，那怕是一點點小小的事情，只要開始動了，就是很好的。

願你能永保平安喜樂。

我尊敬的先生或朋友！

你好

這從出生到這世界以來，我被幸運之神護著，一路走來，碰到了很多好心之
人。如唐青幫助我度過人生成長之路或求學之路的難關，如今我很高興我有機
會以寫信的方式表達我的感恩之意！

也很高興能與小彭對話，我們的理想有很多相似處，謝謝您對我的理想給予鼓
勵和肯定。理想對於我來說就如同一個小小的生命，能給不放棄理想的人帶來
無限的力量和前進的動力。

理想也是幸福之源，就像你說的理想需要明確和堅定，在要去努力實現．還讓
我明白理想不能光靠嘴說，而且更不能含糊不清。有了理想就等於有了希望，
有了希望就等於有了未來，一個人最初'來到世上．長大成人可以現在甚麼都
沒有，但就是不能沒有理想。我想這也是您想讓我明白的道理吧，再次感謝！

我絕不會辜負你們對我的幫助和鼓勵，我會努力學習，實現我的理想，回報你
們的好心之德。

謝謝

依O　　2016,8,10

【羅〇琪──益〇】

親愛的藏族朋友，當你閱讀這封信時，請你先閉上眼睛，隨著字裡行間一同幻想，感受我一天的生活。因為想念大自然，我租了一間老舊的屋子在文山區的最高處─指南宮旁。每天清晨四點鐘，廟裡的鐘聲便會沿著窗的隙縫，悄悄流進我房間、滲入我夢中。我從沒被叨擾，因為悠揚的鐘聲彷彿另一座山頭傳來，至於為什麼呢？

鮮少和太陽一同早起的我，至今仍找不到答案。台北是一座雨城，而我住的盆地山區，更是雨神時常造訪的地方。大多時候，雨聲是我的鬧鐘，也是我的瞌睡蟲。聽見雨聲，從夢中醒來; 想到天雨路遙，又睡下，雨天，不適合上課。晴天的時候，我則被太陽熱醒。當一間屋子裡被蒸鬱得悶不過氣（明明夜晚是那樣涼爽，風扇都不需要呢！），你便可想像，一個蜷曲身影一躍，甩開所有被單、粗暴的拉開門窗，然後貪婪地「呼～吐～」深吸一口外頭的清爽。大晴天的時候也不適合上課，因為難得露臉的太陽，是最適合曝曬所有被單、洗淨晾乾所有衣物的好日子。

我會待在陽台，俯看整座台北城，茶水倒映著晴空萬里的蔚藍，空氣中飄著淡淡的肥皂清香。你可能會問我，那我什麼時候上課呢？只有在不得已的時刻（同學報告需要我、老師想念我快抓狂，還有期末準備考試的時候），我才會不情願地把自己關進那小小的冷氣房教室。大多時候，我一個人吃飯。早八羽球課後時光（我們稱早上八點的課堂為早八），我喜歡到「德合香」點一盤黑胡椒鐵板麵搭配一顆半熟的蛋，十點的台北才正甦醒，馬路上車流漸多、學生、上班族來去匆匆，鮮少有人像我這般悠閒，悠閒地坐在早餐店，一邊吃著麵（有的時候吃蘿蔔糕）、一邊看報，享受我的專屬時光。我也是喜愛學習的，有一堂講宇宙、月亮、星星的課我從不缺席。老師課堂上講起熱愛的領域，描繪得有聲有色，明明大白天的，卻讓人彷彿身至浩瀚宇宙，沈浸而不自

知、著迷到不可自拔。

於是，夜晚來臨，我也跟著月亮、行星以及遙遠數千億萬年的恆星，一起看書、一起回家、一起睡覺。想找人陪的時候，便跟著登山隊的朋友，一起躺在操場草地上，指畫著頭頂的星星，一面對照著GOOGLE SKY（一種很酷的手機軟體，對著天空便能辨認出星星的名字），一面驚嘆著古希臘人豐富的想像（那些給星星起名字的人）。我想，你們那頭每晚的夜空，必定也鑲著無數璀璨的星子吧？想起我倆隔海隔山，相隔四千公里的距離，一抬頭卻能看見同一片星空，頓時覺得無比親切：) 我喜歡做菜，更喜歡呼朋引伴、邀朋友一起來吃菜。酒酣耳熱的夜晚，你會聽見爽朗的笑聲伴隨著嗚–嗚–的夜梟聲，陣陣迴盪在指南宮的深山裡頭。我們談生活、談電影、談未來，在一間小小的屋子裡，何其有幸，見證一群滿腔熱血的青年大啖著未來的夢，吐出生活不如意的苦水後，每個人帶著一副飽足的皮囊及一顆躍躍欲試的心，回到城裡繼續打拼著各自的未來。

於是，城裡的山區，有這麼一間奇妙的老屋，大家都稱它「指南喵屋」。最近是期末考週，考試似乎是這海島上大部分孩子的宿命。以前的我，是考試常勝軍，天真地以為，認真埋頭苦幹後，滿分的考試卷會為我蓋上人生合格的印章; 然而現在的我，貪戀自然的空氣、山的綠意（小小的台灣島，有著無數連綿的山巒），我享受淳樸踏實的生活，卻同時，也受光鮮亮麗、五彩繽紛的都市所吸引，我不知道我的未來會走向什麼樣的道路（因為我是個充滿變數的狂人），但我只知道，每一天我都享受活著的感覺：我活在台灣日復一日汲取知識、努力工作的日子; 我活在前往東莒島，充滿汽油味的搖晃台馬輪船中（去年搭的台馬輪已退役）;我活在濃濃古色古香的京都城，騎著一部單車、穿梭方正街道，只屬於我一人的背包客之旅; 我活在清邁偏遠山區的農場，與當地

少數民族（Karan族）共同採摘百香果茂密的葉、殺山豬、烤營火還有吉他配民謠。無數個日月交替的日子，我滿足地活著。也許不遠後的將來，我會躺在你們那塊柔軟又廣闊的土地上，和你們一同說故事、唱歌歡笑、享受午後的餅乾（這是我最期待的部分！），一起數著星子，共同度過那個「不遠後的將來」。

O琪

親愛的朋友：

很高興收到妳的來信，雖然我生活在藏區阻隔著科技的發展、城市的建設，像我們這樣生活在青康藏高原的人也很難收到手寫信。讀了你的來信，閉上眼彷彿我也能聽見每天清晨的鐘聲與雨聲，看見台灣夜空的繁星，感受你的生活，別有一番滋味。人生就是這麼奇妙，相隔數千里，語言、文字、環境不同，卻因這同樣的緣分相識。我生活的地方離大城市很遙遠，也因遙遠我的家鄉才依舊自然、純樸、祥和，我們倆生活在完全不同的環境中，不說別的，先說說氣候吧！

你說你那裏長年下雨，而我這裡一年四季，我們感受不到四季的不同魅力，只有短暫的春季和夏季，剩下的便是漫長的冬季。再過一個月，我生活的這片土地就進入冬季了，氣溫越來越低，最冷的時候達到零下36度C 到處都顯得荒涼寂靜，可我很享受這樣的日子。這裡沒有大城市裡便捷的交通，我每天步行去工廠，一路上聆聽著藏歌，邊看著在車輛間穿梭的犛牛和藏狗尋找食物。我也期待你的到來，如果你來我一定帶你去草原上看星星，也許因為這邊是世界屋脊，感覺這裡離星空很近。帶你去趕犛牛、擠牛奶，感受遊牧藏民幾千年不變的生活。帶你去看看寺廟、爬爬山，吃最正宗的藏餐。朋友，我期待著你的到來。最後祝願，你一切吉祥如意！扎西德勒！

求O益O

2016.8.31

時代、生活與環境的流變——
城南文學地景藝術行動

指導單位/ 文化部

發 行 人/ 封德屏

總 幹 事/ 陳蕙慧

主 編/ 周得豪

特約撰稿/ 林妏霜、徐禎苓、張琬琳

專案助理/ 王 瀞

校 對/ 邱怡瑄、宋子愷、周耕宇、徐嘉君、黃詩涵、葉啟貞

美術編輯/ 周得豪

內頁插圖/ 陳狐狸（以後設計工作室）、林欣誼（小本書手作工作室）

攝影提供/ 李昌元、紀州庵文學森林、唐青古物商行

出版發行/ 財團法人台灣文學發展基金會

地 址/ 桃園市桃園區中山路425巷6號8樓之3

電 話/ 02-2368-7577

傳 真/ 02-2368-8139

電子信箱/ service@kishuan.org.tw

印 刷/ 松霖彩色印刷公司

初版一刷/ 2016年11月

定 價/ 250元

ISBN / 978-986-89659-3-5